基于"双减"背景的
小学语文教学策略研究

陈台盛 ◎ 著

辽宁人民出版社

ⓒ 陈台盛　2022

图书在版编目(CIP)数据

基于"双减"背景的小学语文教学策略研究 / 陈台
盛著. —沈阳:辽宁人民出版社, 2022.10
ISBN 978-7-205-10586-0

Ⅰ.①基… Ⅱ.①陈… Ⅲ.①小学语文课－教学研究
Ⅳ.①G623.202

中国版本图书馆CIP数据核字(2022)第183999号

出版发行:辽宁人民出版社
　　　　　地址:沈阳市和平区十一纬路25号　邮编:110003
　　　　　电话:024-23284321(邮　购)　024-23284324(发行部)
　　　　　传真:024-23284191(发行部)　024-23284304(办公室)
　　　　　http://www.lnpph.com.cn
印　　　刷:辽宁新华印务有限公司
幅面尺寸:170mm×240mm
印　　张:13.75
字　　数:200千字
出版时间:2022年10月第1版
印刷时间:2022年10月第1次印刷
责任编辑:张天恒　王晓筱
装帧设计:中知图印务
责任校对:刘再升
书　　号:ISBN 978-7-205-10586-0

定　　价:58.00元

前 言 PREFACE

语文是小学阶段的基础学科和重要科目,其教学的实效与质量直接影响着学生的认知发展,同时对学生核心素养的塑造具有重要作用。由于语文学科具有显著的工具性、基础性等特性,加之其内涵比较丰富、外延极为宽泛,对学生的实践应用与思维发展有着较高的要求,其教学策略是否高效、多元、丰富,成为践行"双减"政策要求的重要影响因素。此外,不论是学生的身心特性,还是"双减"政策的要求与定位,均对小学语文教学策略的灵活应用提出了全新的标准。这使得以"双减"政策为引领,加强对小学语文有效教学策略的研究,成为新时代小学语文教学领域必须着力践行的重要育人使命。

因此,小学语文教师在落实"双减"政策下的语文教学策略探究时,必须深度了解学生认知现状,以学情为依托,来确立教学的定位、导向以及目标和任务,借此来实现"双减"要求与语文教学的深度融合。通过对全新教学模式的充分实施,以及各类教学资源的全面借助,将其衍射至小学生语文学习的全过程,使学生在学习语文知识、应用语文知识的过程中接受浸润与洗礼,提升教学实效,促进学生认知发展,满足学生的需求。"双减"政策很好地减轻了学生的课业负担,缓解了学生家长的焦虑。但要想从根本上破除传统教育使学生负担过重的弊端，就需要广大教育工作者用专业的能力将"双减"政策落实到位。教师在小学语文课堂上应高效利用每一节课，用专业的方式来布置作业，用敬业的能力来完善课后服务，在课堂上丰富学生的学习生活，满足学生的学习要求，尽可能地为学生提供健康、多元化的发展方式，促进教学质量，让课堂成为立德树人的主战场。

随着新课程改革的广泛深入，对小学语文教育也提出了全新的要求。如何优化"双减"教学模式，打造高效的语文课堂，从而提高学生的学习质量，已经成为当前小学语文教师普遍关注的重点课题。本书对小学语文课堂教学过程中存在的问题进行了分析，并提出了几点"双减"教学模式构建策略，对于打造高效语文课堂具有十分重要的意义。

2022 年 9 月

目 录 CONTENTS

第一章 "双减"政策的未来发展与研究

第一节 "双减"政策针对学校未来发展的期待与可能

中共中央办公厅、国务院办公厅《关于进一步减轻义务教育阶段学生作业负担和校外培训负担的意见》(以下简称《意见》或"'双减'政策")的出台,得到大家的一致赞同。但是,对于"双减"政策如何落地,能为学校和学生带来哪些实质性影响,大家也有一些困惑和多元想象。其实,"双减"政策的出台正是推进学校教育高质量发展的重大推力与制度保障,为学校教育实现高质量发展营造了良好的社会氛围。学校借助"双减"政策的出台,推进学校教育高质量发展的结构性变革,全面释放"双减"政策为学校高质量发展带来的政策红利。

一、把握"双减"政策,助力教育高质量发展

在知识迭代越来越快、社会发展对人才要求越来越高的时代,减轻学生作业负担和学科类校外培训负担,是为了让学生轻装上阵,勇于挑战更重要和更有必要的学习任务。因此,我们要看到"双减"政策在具体任务上对学校提出了什么要求,更要看到"双减"政策为学校变革发展"减出了哪些空间",为学校高质量发展提供了什么样的政策依据和政策保障。而且,只有对后者有了更为深刻的认识和更为高远的布局,才可能从更高层面和更大格局上来完成"双减"政策对学校提出的具体要求,从而既在学校层面高效落实了"双减"政策,又依托"双减"政策实现了学校的高质量发展[①]。

---

①唐安奎,毛道生,徐猛."双减"政策背景下的基础教育发展(笔谈)[J].成都师范学院学报,2022,38(4):1-8.

（一）强化学校教育主阵地作用，让学生学习更好地回归校园

历史上很长一段时期，家庭是孩子接受教育的主阵地。随着教育变得越来越专业化和制度化，学校逐渐取代家庭的教育功能，成为为学生提供教育教学活动的主阵地。虽然家庭担负着家庭教育的责任，社会担负着社会教育的责任，但学校作为专业教育机构，其主阵地的地位也越来越牢不可破。随着学生在校学习竞争的加剧，家长过度卷入学校教育，同时牺牲了家庭教育功能；校外培训机构更是借助庞大的资本力量，单向地推动学科知识学习，不惜牺牲学生全面发展的机会。"双减"政策明确提出，要强化学校教育主阵地作用，要让学生学习更好地回归校园。这不仅是对学校教育提出的专业要求，还是对学校作为专业教育机构的再次确认。学校不但要做好学校教育自身的事，还要从学生全面发展、可持续成长的角度，发挥好引领家庭教育和社会教育的作用，而不是让家庭教育来替代学校教育，更不能让校外培训机构来主导学校教育。

（二）落实立德树人根本任务，促进学生全面发展、健康成长

十年树木，百年树人。大家都深知学生成长是一件长远的事、科学的事、需要价值引领的事，可一旦面对考试分数和激烈的成绩竞争，大家又似乎不得不困于眼前的考试成绩，不得不着眼于当下的知识传授。"双减"政策的出台，调整了学校的办学方向，也为学校按照教育规律办事、全面落实立德树人根本任务、促进学生全面发展提供了政策保障。学校落实"双减"政策的前提，就是要科学地把握学校办学方向，系统布局学校的办学行为。

（三）遵循教育规律，着眼建设高质量教育体系

减轻学生过重作业负担和校外培训负担只是"双减"政策的工作方式方法，其目的指向高质量教育体系的建设。减轻学生过重作业负担，要求学校重新定位作业的教育功能，全面提高作业质量，科学研制学生作业的预留，如果没有高质量作业体系的建设，只是减少学生作业数量，这只是对"双减"政策在形式上的落实。同样道理，减轻学生校外培训负担，就要构建高质量的学校教育体系，让学校教育体系具有更强大的教

育引领力,赢得家长和学生的信任,从而切断家长和学生对校外学科类培训机构的依赖。

二、"双减"政策助力学校教育高质量发展的结构性变革

"双减"政策要落地,迫切需要着眼于高质量教育体系建设,对学校的育人使命进行更深刻和更高远的思考,对现有学校办学格局进行结构性变革。

(一)学校需要重新规划教育教学流程,重新定位各个教与学环节的教育功能

"双减"政策重视学生作业,是因为作业是关联教师、学生与家庭的纽带,但作业量的问题并不只是作业数量出了问题,而是学校对各个教与学环节的定位出了问题。当作业量到了要减少的时候,那就表明作业这个环节承载的教育负载过重,而其他教与学环节的教育负载相对就小了。"双减"政策中提到,要提升课堂教学质量,就是要加强对课堂教学环节的重视。但这还不够,学生学习过程大致包括课前预习、课堂学习、课后复习和作业练习四个环节,由于作业练习是最后一个环节,就是我们常讲的兜底环节,当大家对前面三个环节心里越没有底的时候,就越会把所有教育负载都压在这个环节。现在要减轻作业练习这个环节的教育负载,就需要全面增强前面三个环节的教育负载。课堂教学是师生互动最集中的环节,自然需要提高质量,但学生的课前预习和课后复习一直为大家所忽视,更应该成为此轮"双减"政策落地需要重视之处。因为在四个环节中只有这两个环节是由学生自己主导的,也是最需要教师指导而非直接教导的环节。事实上,只有这两个学生主导的环节有效发挥作用,才可能缓解当前课堂学习和作业练习这两个环节的教育负载。因此,减轻学生过重作业负担,需要对作业练习在教与学全链条中的教育功能进行梳理,以此为抓手提高整个教与学过程的效率。这也是此次"双减"政策的目的之一。

（二）学校需要重构教育教学资源配置，实现资源在教育使用中的效益最大化

"双减"政策给学校带来的直接影响，是要为有需要的学生提供课后服务，而且还要确保课后服务结束时间原则上不早于当地正常下班时间。为了更好地调配时间资源，学校可统筹安排教师实行"弹性上下班制"。与时间资源一样，专业资源、物质资源、人力资源在"双减"政策落地过程中的配置也值得深入思考，学校经费的使用是否与教育教学活动的重要性相匹配，教育教学设施的使用是否能够切实支撑学生的全面发展？曾经在一所中学发现，阅读课仅仅配置了文学类著作，而人文类著作，比如政治学、法学、管理学、经济学类著作长眠在图书馆深处，更不要说科学类的著作了；学校实验室和多功能教室依然是学生上课的场所，而不是培养学生兴趣和发挥学生专长之处。"双减"政策中要求教学质量和课后服务质量的提高，都需要学校进一步思考资源配置的方式和机制。

（三）学校需要调整教育教学的绩效标准，实现对学生全面、健康成长的专业引领

全面发展和可持续发展究竟包括哪些内容，用哪些指标来呈现这些内容，都需要学校提出具体的方案与标准，从而引领教师的教、学生的学，并进一步改变家长与社会对"何为优秀学生""何为优秀学校"的观念与期待。

（四）学校需要建构一种专业的教育精神，推动专业与使命双向强化的互动格局

"双减"政策的目的是让学生学习回归学校，强化学校教育主阵地作用。这要求学校对学生学习要进行整体安排和长远设计的专业能力与具有引领家庭教育和社会教育的能力。不管是做大做强学校教育，还是引领家庭教育和社会教育，都需要学校勇于承担教育使命，并在具体的教育教学实践过程中练就真本领。学校在"双减"政策实施过程中，既要培养出追求专业的精神，也要培养出敢于担当的勇气，在做的过程中成

就学生,也在做的过程中做大做强自己。

三、"双减"政策对教育高质量发展未来走向的期待与建议

"双减"政策就像奥卡姆的剃刀,要从剃刀的精简原则走向学校教育的高质量发展,不但需要学校勇于弥补以前教育教学的不足,按照学校高质量发展标准来重构教育体系,同时也需要更多配套政策。

(一)促进高中学校特色发展,推动教育评价改革全面落地,引领基础教育阶段学生健康成长

随着全国各地普通高中办学规模的扩大,普通高中学校间的层级变得越来越多,分层效应也越来越明显。原来普通高中学校仅仅归县或者区管,当有了市管高中和省直管高中后,这些普通高中有了制度优势,获得了明显的生源和资源优势。当这些拥有制度优势的学校"站起来看剧"的时候,其他学校也不得不站起来,这就极大地向初中乃至小学传递了教育焦虑。事实上,普通高中也是基础教育,立德树人依然是最为根本的任务,普通高中的选拔功能是育人功能的副产品,育人功能发挥得越好越完善,高校选拔出来的学生就越优秀。但当普通高中只聚焦于选拔功能时,反而会伤害其育人功能。目前,某些省份将优质普通高中招生名额分配到初中学校,这也的确有利于缓解初中和小学的教育焦虑。不仅如此,普通高中还可以走一条特色化、多样化的发展道路,转变普通高中的选人标准、育人思路,为"双减"政策落地提供良好支撑。推动包括中高考等在内的教育评价改革,为学生提供多样化成才路径,从而把原来承受过重作业负担和校外培训负担的学生引领到全面发展和个性成长的道路上来。

(二)在增加学校教育责任的同时,给予学校更丰富的教育资源,让学校把自身建设得更加强大

在"双减"政策落实过程中,大家都在精打细算学校提供课后服务的费用问题,这肯定是学校和教师需要的,但更重要的是全面提升学校教育教学质量。这就需要考虑作为高质量发展的学校究竟需要多少物质资源的支撑、制度资源的保障以及社会资源的培育,需要教育行政部门

以及政府的统筹规划、协调落实。

（三）加强对家庭教育和社会教育的引领，为学校教育奠定坚实的家庭文化基础和社会文化保障

"双减"政策之后，学生在家庭和社会中的时间如何高质量度过？这离不开家庭生活和社会生活的高质量建设，也涉及家庭育人功能的重构和社会育人功能的完善与健全，这是需要整个区域通盘考虑谋划的"大文章"。只有学校、家庭和社会各尽其职，才可能为孩子提供一个高质量而又和谐的成长环境，才能够切实促进学生全面发展。

第二节 "双减"政策针对教育焦虑现象的纾解与治理

"双减"政策是引领教育发展走上新台阶的重要举措，作为教育理论工作者，笔者认为应从教育焦虑现象的突出表现入手，分析其根本原因，从而提出对应的缓解政策。

一、教育焦虑现象的"症状"聚焦

心理学通常把"焦虑"定义为人对觉察到的潜在危险的情绪反应和心理体验。在笔者看来，教育焦虑主要表现为家长和学生对教育环境和教育结果的过度担心、忧虑乃至恐惧。归纳目前我国社会教育焦虑的基本"症状"，突出表现在以下几个方面[①]。

（一）家长担心孩子输在起跑线上而拼命"抢跑"

众多家长在孩子小的时候就担忧子女所受的教育不公平，担心孩子上不了好的中小学，考不上好大学，以致将来无法在社会较好地就业和生存，于是从小学乃至幼儿园起就争抢着让子女享受优质教育资源。

（二）升学考试焦虑和恐惧向低学段蔓延

除了较早就已经出现的高考焦虑和恐惧外，小升初和中考的焦虑现

---

①吴信英. 教育焦虑现象的成因及纾解之道[J]. 人民论坛，2019(24):138-139.

象近年来逐渐增多。家长和孩子的焦虑与日俱增,日甚一日,以至于弥漫到孩子整个成长阶段。

(三)教育竞争"内卷化"发展

"内卷"这一概念之所以能够被广泛认同并迅速流行,说明其比较精准地反映了当前我国社会的一种真实现状,即在各种竞争日趋激烈的状况下,普遍存在着同行间以付出更多努力去争取有限资源的现象。这在教育领域表现得尤为明显,即学生为了提高分数或考上名校而超时超限学习,教师也在各种竞争的压力下超时超限加班,大搞"题海战术""层层加码""大运动量训练"等,最终形成了不断暗自加码的恶性循环。大家都明明知道这么做不对,但却被裹挟其中不能自拔。

二、教育焦虑现象的成因分析

教育焦虑在我国已是一种较为普遍的社会现象,透视这一现象生成的原因,可以发现其背后蕴含着十分复杂的社会因素与机理。

(一)家长对孩子成长成才规律缺乏科学理性的认知

心理学认为,焦虑产生的原因源于人错误的感知或认知。现阶段家长焦虑情绪之所以不断滋长,很重要的一点就在于家长对孩子成长成才规律缺乏科学理性的认知。这种认知上的误区突出表现在以下几个方面:

第一,把"别让孩子输在起跑线上"奉为圭臬,因此总想着给孩子"吃偏食",选报各种补习班或聘请家教进行种种超前的或额外的教育。据2018年中国教育财政家庭调查数据显示,中小学阶段学生的校外培训参与率高达48.3%,年人均费用2697元。其中,5%年消费支出最高的家庭生均校外培训支出达14372元/年。

第二,把学习成绩和学习能力看成是最重要的,孩子的身心健康、品德完善、人格健全、情感发展等则处于被忽视和遮蔽的地位。

第三,"望子成龙""望女成凤"心切,而无视或否认孩子的先天差异及承受能力,违背量力而行、循序渐进、因材施教的教育基本原则。

第四,一些家长不恰当地以自己的成长经历来解读当代少年儿童,强迫孩子接受自己所认同的教育方式。更有个别家长总想把自己人生发展中的缺失、缺憾弥补在子女身上,因而不切实际地对孩子提出过高期望、苛刻要求。

(二)优质教育资源的短缺

由"择校""升学"等引发的教育焦虑现象,从客观上讲与我国优质教育资源供给不足密切相关。改革开放以来,我国教育事业获得了长足发展。人民群众对教育的需求水平也在逐步提高,这就使得人民不断增长的美好教育需求与教育事业发展不平衡不充分的矛盾日益凸显。针对这一情况,21世纪以来,政府就把"促进义务教育均衡发展、实现教育公平"作为重中之重加以大力推进。截至2020年底,全国已有26个省份2809个县实现了县域义务教育基本均衡发展,县数占比达96.8%。义务教育基本均衡发展虽然重点解决了城乡、区域、学校之间在生均经费和办学条件等"硬件"上的差距,但是教育教学质量上的差距还远未能消弭,这就使得"择校热"和"城挤乡空"现象难以根除。

三、纾解教育焦虑现象的思考与对策

(一)各级政府要推进义务教育优质均衡发展

造成教育焦虑现象经久不衰、持续发酵的一个客观原因是我国基础教育优质资源供给不足。为此,各级政府要在巩固义务教育基本均衡发展成果的基础上,进一步推动义务教育向优质均衡发展迈进,努力扩大中小学优质教育资源供给。优质均衡也称高位均衡,即促进城乡之间、区域之间义务教育学校的教育教学质量和办学水平实现实质性均衡与公平。换言之,基本均衡重点解决的是义务教育学校在办学硬件条件上的均衡,优质均衡重点解决的是不同群体儿童所受教育的质和量的实质性均衡。推进义务教育优质均衡发展,目前关键是要强化优质教师资源的合理配置,促进骨干教师和优秀校长向边远地区和薄弱学校流动,这就如同只有配置了好医生才能从根本上提升薄弱医院的医疗水平一样。

(二)中小学要认真落实"减负"任务

推进"减负"工作,纾解教育焦虑,各中小学校是责任主体。广大中小学校应认真贯彻落实"双减"政策的精神,积极回应社会关切与期盼,通过深化改革、科学治理,为构建良好教育生态,促进学生全面发展、健康成长提供保障。

第一,要全面压减学生作业总量及时长,使"减负"工作真正落实落地。《意见》明确要求:"小学一、二年级不布置家庭书面作业","小学三至六年级书面作业平均完成时间不超过60分钟","初中书面作业平均完成时间不超过90分钟",同时"严禁给家长布置或变相布置作业,严禁要求家长检查、批改作业"。对于这些规定和要求,广大中小学校要不折不扣地贯彻执行。

第二,要下大力气拓展课后服务,满足学生多样化需求。对于《意见》中明确提出的"保证课后服务时间""提供延时托管服务"等要求,同学校要全力落实。同时学校要严格审定课后服务提供者的资质,一般应由本校教师或退休教师、具备资质的社会专业人员或志愿者提供。

第三,要改进课堂教学质量,提升学生在校学习效率。应严格按照课程标准坚持零起点教学,提升课堂教学质量与效率,做到应教尽教,保证学生达到国家规定的学业质量标准。应注意不得随意增减课时、提高难度、加快进度,特别是要降低考试压力、改进考试方法;不得有提前结课备考、违规统考、考题超标、考试排名等行为,考试成绩应实行等级制,防止唯分数倾向。

(三)家长要树立科学的教育观念和成才理念

纾解教育焦虑情绪,还应加强对于家长群体的观念引导,端正家长对孩子的教育观念和成长理念。

第一,不要被"别让孩子输在起跑线上"所误导。孩子的成长与发展并不同于赛跑,人生的目的和意义也不能够用输赢来比拟。如果非要拿赛跑来做比喻,那么人一生的成长与发展并不是百米赛跑,而是一场漫长的马拉松。童年和少年需要的是按照自然规律与年龄特征对孩子施加正确适度的教育,促进孩子的身体和生理正常发育、心智和情感健康发展。

第二,要防止和纠正家长只重视智育而忽视德智体美劳全面发展的错误观念。就人一生的发展而言,身体健康永远是基础,是第一位的,正如习近平总书记说过的"健康是1,其他是后面的0,没有1,再多的0也没有意义"。从人类社会衡量人才的基本标准来看,思想品德也总被置于最重要、最核心的位置。只有德智体美劳全面发展,学生才能真正茁壮地、健康地、和谐地成长,因此政府和学校必须引导学生家长牢固树立德智体美劳全面发展的基本理念。

第三,要防止不切实际地对孩子期望值过高。每个孩子的天赋是有差异的,仅在学业成绩上对孩子寄予过高的期望与要求,不仅无助于孩子的成长与发展,相反,会造成孩子过重的心理负担与压力,从而产生严重的副作用。

(四)全社会要合力推进教育综合治理

许多教育问题的"病症或病灶"反映在教育领域里,但其"病根或病因"却来自社会诸多方面。以"减负"为例,政府在推动,学校在落实,但学生家长却在形形色色的社会培训机构的推波助澜下,变着法"增负"。因此,推动"减负"工作,纾解教育焦虑,必须强化系统思维,实行多管齐下、综合治理。

第一,要全面治理和规范校外辅导机构。《意见》对此已作出了全面、系统、细致的规定,各级政府应予以严格的贯彻执行。

第二,要深化教育评价改革。应破除唯分数、唯升学的藩篱,把评价导向和机制真正扭转到促进学生德智体美劳全面发展的正确轨道上来。应借鉴多元智能理论,重视差异性评价,让学生及其家长明白"人人都能出彩,行行皆有状元"的道理。

第三,应深化考试招生制度改革。高考改革应进一步完善"3+X"制,并强化对学生综合素质考评,充分尊重学生的兴趣爱好和个性发展,促进高中阶段教育文理融通。中考改革要完善基于初中学业水平考试成绩、结合综合素质评价的招生录取模式,同时逐步提高优质普通高中招生指标分配到区域内初中的比例。小升初招生录取应坚持就近入学的原则,并实行"公办民办同招""电脑随机派位招生"等招生办法。

第四,中小学校要牵头完善家校协同机制,明晰家校育人职责,密切家校沟通,推进协同育人共同体建设。

第三节 "双减"政策针对减负工具的 选择与分析

减轻中小学生学业负担问题,已经成为基础教育治理的顽疾。自1955年教育部发出中华人民共和国成立之后第一个"减负令"《关于减轻中小学生过重负担的指示》以来,国家层面就发布了11道"减负令",地方出台的"减负令"则多达上百道。减负虽然略有成效,但中小学生的学业负担不但没有减轻,反而出现了"校内减负,校外增负"的趋势。减轻中小学生学业负担仍然是教育政策领域的"老大难"问题。

2021年7月24日,中共中央办公厅、国务院办公厅印发《关于进一步减轻义务教育阶段学生作业负担和校外培训负担的意见》,认为"义务教育最突出的问题之一是中小学生负担过重,短视化、功利化问题没有根本解决",并提出应"全面压减作业总量,降低考试压力""全面规范校外培训机构,明确培训机构收费标准,依法规范教学培训秩序"。首次将作业负担和校外培训负担共同作为减轻学生学业负担的两大重任。教育部也提出把"双减"工作列入本年度重点工作任务。"双减"政策的颁布标志着减负措施的新动向。国家层面的政策颁布起到了引领方向的作用,而省级政策和地市级政策则是确保政策能否落地的关键。近10年来,我国各级政府及教育行政部门颁布了关于减轻中小学作业负担和规范校外培训机构的诸多政策,这些政策有助于打开减负问题的"黑箱"。而减负政策的制定并不代表政策价值和政策目标已经实现,政策价值和政策目标的实现是一个复杂的过程,政策工具的选择和使用在政策价值和政策目标实现过程中起到至关重要的作用。公共行动的失败不是源于政府管理人员的无能或者渎职,而是在于他们使用的工具和行动方式。基于政策工具理论视角与结合减负类型维度,研究并梳理了28个省份89个市校内减负政策文本和校外培训机构规范政策文本,以用来探究我国省级层面和地市级层面近十多年减负政策工具的选择特点及其运用偏差,以及能够提出合理的省、市级"双减"政策工具优化策略[①]。

一、我国省、市级减负政策的计量分析框架及分布特征

(一)研究方法与文本选择

1.研究方法

笔者采用内容分析法,以定量分析方式对我国省级、地市级(以下简称"省、市级")减负政策文本(包含校内作业等减负政策和校外培训机构减负政策)进行研究,以了解近10年省、市级减负政策工具使用特点和国家减负政策在省、市级层面如何落地。内容分析法是一种以定性资料为基础的量化分析技术,将定性的文字资料等内容转化为可用数量表示的数据资料,并使用数理统计方法来呈现和解释分析结果。

第一,引入政策工具和减负类型两个维度来构建本文的二维分析框架,政策工具是将政策预期转化为实际行动而达成政策目标的手段和方式,即为政策目标的实现"选择合适的工具"。减负类型是"双减"政策关注的主体部分,是政策工具促进政策转化和应用过程中的载体。

第二,将政策文本进行政策工具编码,并结合具体内容进行描述性分析和频次统计。

第三,在量化分析的基础上剖析我国省、市级减负政策在政策工具的选择、组织与建构中存在的问题,并给出相应的政策建议。

2.文本选择与编码

笔者所选择的省级、地市级减负政策文本均为公开的数据资料,主要来源于我国省、市级政府、教委的官方网站和北大法宝数据库。由于涉及减负政策的文本数量众多,为了选取的准确性和代表性,研究按照以下原则对政策文本进行了整理和筛选:①发文单位为省级、地市级机关,以省、市级政府,省级教育厅,市级教育局为主;②直接与减轻学生校内学业负担和规范校外培训机构密切相关;③政策类型主要选取法律法规、意见、办法、通知等体现省、市级政府和教育行政部门对学生学业负

---

①王贤文,周险峰.学业负担治理研究十年:回顾与展望[J].河北师范大学学报(教育科学版),2021,23(3):121-127.

担进行管理的相关政策文本;④发文时间是2011年至今,原因是在2011年《政府工作报告》首次提出"切实减轻中小学生过重课业负担",减负也成为各省、市级政府关注的要点。本文共收集省级减负政策样本218份、市级减负政策样本243份,并自行设计了分析单元编码表对461份政策文本进行信息抽取。

(二)政策工具视角下减负政策计量分析框架本

本节以政策工具为横向维度,以校内减负和校外减负为纵向维度,构建"政策工具—减负类型"二维分析框架。

1.X维度:政策工具维度

本节结合我国已经颁布的校内减负和校外减负政策的特征,借鉴麦克唐奈和艾尔莫尔的分类方法,将政策工具分为权威工具、激励工具、能力建设工具、象征与劝诫工具和系统变革工具五类,能够准确且相对完整地覆盖我国在校内外减负上使用的政策工具。

权威工具:权威工具是政府使用法律、直接行政和管制等方式达成政策目标的手段,本研究把制度、标准、要求、禁止、评估、监管、许可等纳入权威工具范畴,并把制度、标准、禁止、评估、监管许可等统称为管制。

激励工具:激励工具是指通过向个人或组织转移资金等以诱导其作出一定行为的政策工具类型,包括财政激励、声誉激励和授权激励等具体政策工具。

能力建设工具:能力建设工具是指提供个体、群体或机构以做决策或采取某种行为的信息、培训、教育和资源给那些有能力的个体、群体或机构去决策或开展活动,包括培训与支持、基础设施与制度建设、政策优惠等。

象征与劝诫工具:象征与劝诫工具通过价值倡导、认同、整合、同化等策略诱导目标群体按照政策所倡导的理念和目的去行动,具体包括鼓励与号召。

系统变革工具:系统变革工具也可称为志愿性工具,是指通过个人、家庭、社会组织或市场发挥作用,在自愿的基础上解决社会问题的手段、途径和方法。主要包括市场、社会力量及自我管理等。

2.Y维度：减负类型维度

中共中央办公厅、国务院办公厅印发《关于进一步减轻义务教育阶段学生作业负担和校外培训负担的意见》,《意见》强调义务教育阶段要"减轻校内作业负担"和"校外培训负担",校内减负和校外减负同时成为国家及各级党委、政府关注的问题。在减负类型中,本研究将减负分为校内减负和校外减负两类,结合搜集到的省级减负政策数据和市级减负政策数据,最终将减负类型分为：省级校内外减负政策和市级校内外减负政策。

3.政策工具—减负类型二维分析框架构建

基于基本政策工具维度和减负类型维度的构成,最终构建了省、市级减负政策的二维分析框架图,如图1-1所示。

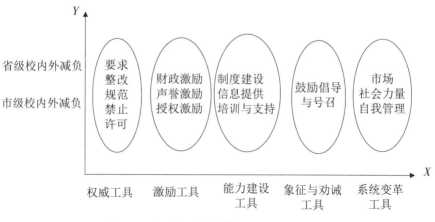

图1-1　省、市级减负政策二维分析框架图

（三）我国省、市级减负政策工具的分布特征

1.校内外减负政策的X维度分析

本节对我国校内外减负政策的五类政策工具及其具体政策工具使用频次进行调查,权威工具和能力建设工具使用频次最高,象征与劝诫工具用得较多,激励工具和系统变革工具使用频次较低。

2.校内外减负政策的Y维度分析

根据省、市两级和校内校外两个方面,将减负政策Y维度分为两类：省级校内外减负政策、市级校内外减负政策。省级校内外减负政策工具共计3056个,市级校内外减负政策工具共计2829个。

"双减"政策落地之前,以往省、市级颁布的减负政策往往是校内减负和校外减负相分离,所以,在进行具体统计时,为了更好地展示省、市级对政策工具的使用,在省级校内外减负维度具体统计了省级校内减负和省级校外减负,在市级校内外减负政策中也具体统计了市级校内减负和市级校外减负。其中,省级校内减负政策工具1906个,省级校外减负政策工具1150个;市级校内减负政策工具1130个,市级校外减负政策工具1699个。省级校内减负政策占到32.38%,省级校外减负政策占到19.54%,市级校内减负政策占到19.20%,市级校外减负政策占到28.87%。由于培训机构属地化管理,市级对于校外减负的政策工具使用频次最高。

3.校内外减负政策的X、Y维度分析

我国各省、市级不同减负类型使用的政策工具分布表现出明显的类别化特征。通过X、Y维度交叉大致可以分为四类。第一类是频繁涉及的减负政策工具,包括"要求""规范""培训与支持""制度建设"四类政策工具,涉及权威工具和能力建设工具两种政策工具类型。其中,省级校内减负政策使用最频繁的是"要求"和"规范",省级校外减负政策使用最频繁的是"规范";市级校内减负政策使用最频繁的是"规范"和"制度建设",市级校外减负政策使用最频繁的是"培训与支持"和"规范"。第二类是较为频繁涉及的减负政策工具,包括"整改""禁止""许可""鼓励",涉及权威工具和象征与劝诫工具两种政策工具类型。在"整改"工具中,省、市级校外减负政策使用频率明显高于省、市级校内减负政策;在"禁止"工具中,省、市级校内减负政策高于校外政策,校内减负政策的"禁止"主要关注在职教师在校外补课现象;在"许可"工具中,省、市级校外减负政策使用频率高于校内减负政策,校外减负政策主要涉及机构证件许可、教师资格证及办学环境条件许可等;在"鼓励"工具中,省、市级校内减负政策大大高于校外减负政策。第三类是较少涉及的政策要素,包括"财政激励""声誉激励""授权激励""倡导与号召""社会力量",分布在激励工具、象征与劝诫工具和系统变革工具中。所有的激励工具均为校

内减负政策使用,校外减负政策没有涉及激励工具。"倡导与号召"工具也是以校内减负政策使用为主。第四类是几乎没有涉及的政策要素,包括"信息提供""市场力量""自我管理",分布在能力建设工具和系统变革工具中。

二、我国省、市级减负政策工具选择特点

自2011年以来,我国进入减负的正本清源阶段,逐步步入全方位综合治理减轻课外负担时期,校外培训机构治理也进入到强治理阶段,省、市级校内减负政策和校外培训机构规范政策数量大大增加。本节统计的省、市级减负政策文件实际上均是基于不同的国家层面减负政策文献的落地办法,有着不同的表述,但也有相互自洽的部分研究。这些政策综合使用了权威工具、激励工具、能力建设工具、象征与劝诫工具和系统变革工具,政策工具组合不断丰富和完善,有利于发挥政策整体效应。同时,在校内减负引发了校外培训的"剧场效应"后,政策也有所转向,不仅将减负指向校内作业负担,还指向校外培训机构的规范。虽然中央全面深化改革委员会在2021年5月首次提出"双减",然而事实上,政策在近10年内已经对校外培训机构乱象进行管理和规范,我国减负政策体系也正在逐步完善。

在政策资源有限,基础教育改革任务艰巨,"剧场效应"和内卷的条件下,我国减负政策工具组合和减负类型结构不断完善,初步形成了以作业减负和校外培训减负为主体的减轻中小学生学业负担的政策体系。通过分析省、市级校内校外减负政策,研究发现在政策工具应用上存在自身特点及应用偏差,并具体分析减负政策工具的选择特点,以及提出相应的优化策略。

(一)权威工具、能力建设工具使用过溢,激励工具、象征与劝诫工具、系统变革工具使用不足

权威工具的使用频次是其他类型政策工具使用频次的几十倍乃至几百倍。权威工具无须额外的资源投入,政策影响容易控制,易于规避不确定性,可以迅速、便捷、低成本地达到政策目标,这是其被大量使用的

重要原因。权威工具虽然能够保障政策贯彻落实到位,促进政策转化和降低执行成本,但在一定程度上忽视了中小学校和校外培训机构的自身差异和需求,而且权威工具使用过溢,容易造成象征性执行、选择性执行和替换性执行的现象。

激励工具、象征与劝诫工具和系统变革工具使用频次合计占比仅为4.67%。激励工具需要投入额外的政策资源,例如财政激励,这要求投入额外的专项经费,但是激励工具可以激发政策执行机构的内在动力。象征与劝诫工具是基于人们的思想和对世界的看法转变进而转变人们行为的一种政策工具,这种政策工具的使用和激励工具一样可以激发目标群体的内在动力。这两类工具使用不足,容易导致减负执行机构对于减负任务执行没有足够动力。系统变革工具强调社会自治,各社会主体在自愿的基础上进行自我管理和解决社会问题,其重心在市场工具上。校内减负政策实施中采用系统变革工具主要在民办学校里,通过给民办中小学一定的压力,从而激发民办教育的办学活力、提高教学质量、减轻作业负担并促进科学规范的学校管理。校外减负政策实施中采用"系统变革"工具,是希望通过行业自治和市场力量推动校外培训机构有效办学以增强办学主动性。事实上,资本力量对校外培训机构的推动较大,且校外培训机构的行业自治力量薄弱。所以,无论校内减负还是校外减负,系统变革工具使用都相对不足。

(二)省级层面和市级层面的校内校外减负政策工具存在同质化现象

新制度主义者鲍威尔和迪马其奥将政策同质化称为"制度同构",也就是政策单元的政策实施方式相似。鲍威尔也指出,强制机制、模仿机制和规范机制容易导致同质化。其中模仿机制中模仿的对象一般是同领域中被认为更有合法性和更成功的相似组织。所以,在减负政策中权威工具使用较为频繁的情况下,为了获得更高的"合法性",省级政府之间出现了"模仿",市级政府也向省级政府的政策进行对标。

减负政策的同质化主要有两个方面:①省级层面和市级层面减负政策同质化,即"纵向同质化";②省级政府之间、市级政府之间减负政策同质化,即"横向同质化"。纵向同质化是市级政府在推进减负政策过程中倾向于将上级政策文本作为模仿对象,以提高其政策文本"合法性"。例如:安徽省教育厅等四部门2018年印发《安徽省切实减轻中小学生课外负担开展校外培训机构专项治理行动实施方案》的通知,提出治理和排查内容包括六点;淮南市教育局等四部门印发的《淮南市切实减轻中小学生课外负担开展校外培训机构专项治理行动计划》的通知中,也将治理和排查内容分为六类,与安徽省发文内容一致,并且安徽省和淮南市在制定政策时使用的政策工具也一致。横向同质化是同级政府之间的政策出现了"类似""对标"的现象。这可能由于同级政府在政策颁布过程中为了避免上级政府的督导问责,通过"制度同构"来减少本政府政策中的"不作为""乱作为"等政策风险。例如:上海市教育委员会等部门于2019年印发《本市落实义务教育阶段学生减负增效工作实施意见》的通知和广西壮族自治区教育厅等部门印发《广西壮族自治区中小学生减负实施方案》的通知,内容基本一致,都涉及规范学校办学、规范培训机构、家庭教育引导和政府管理监督四个方面,使用政策工具也都涉及权威工具、能力建设工具两个方面。

减负政策同质化,影响了减负政策在省级和市级具体实施的效果。由于减负政策的横向同质化和纵向同质化,我国多个省份事实上都在按照"差不多"的方式进行减负,这导致政策没有结合本地的环境因地制宜,最终难以达到最初预想的效果。政策同质化会异化地方教育政策生态,破坏教育政策的地方多样性。

(三)校内减负和校外减负政策工具选择差异化显著,存在不均衡情况

校内减负政策工具使用偏重于权威工具、能力建设工具和象征与劝诫工具,而激励工具和系统变革工具使用较少;校外减负政策工具使用偏重于权威工具和能力建设工具,象征与劝诫工具和系统变革工具使用较少,且从不使用激励工具。在使用频率较高的权威工具和能力建设工具中,校内校外减负政策内部差异化明显。

权威工具使用中,校内校外减负政策侧重点不同。在"要求"工具

中,校内减负政策使用频率明显高于校外减负政策,这主要针对于学校如何减轻中小学生课业负担在政策中的具体要求。在"禁止"工具中,校内减负使用频率也明显高于校外减负政策,这主要针对作业负担、考试问题和在职教师有偿补课问题。如作业"小学不超过1小时""初中不超过1.5小时","义务教育阶段每学期统一考试不得超过两次"等,且存在在职教师有偿补课问题,禁止在职教师"校内不讲校外讲"。在"整改"工具中,校外减负使用频率明显高于校内减负政策,对于校外培训机构,政府要求机构有"双证"、教师持有教师资格证、补课场所容量和消防安全规范等准入门槛,如若达不到门槛,便勒令其"整改"。

能力建设工具中,校内校外减负政策着力点也不同。例如:"培训与支持"一项,校内减负偏重"支持",而校外减负偏重"培训"。在"培训与支持"工具中,校外减负政策使用频率大大高于校内减负政策,这是由于政策条文要求校外培训机构对于教职工进行合理的上岗培训。在"制度建设"工具中,校内减负政策使用频率大大高于校外减负政策,这是由于政府更注重完善学校制度建设,把学校教育作为主阵地。

在使用频率较少的激励工具、象征与劝诫工具内部,校内减负政策和校外减负政策也存在显著差异。校外减负从不使用激励工具,校外减负的象征与劝诫工具使用频率明显低于校内减负。

三、"双减"背景下未来省、市级减负政策工具优化策略

2021年5月21日,中央全面深化改革委员会第十九次会议审议通过了《关于进一步减轻义务教育阶段学生作业负担和校外培训负担的意见》,各省级部门在制定本省减负政策时,已经尝试将校内减负和校外减负一起放入政策文件中,如福建省教育厅在2021年6月4日发布的《关于加强"五项管理"进一步推进中小学生减负工作的通知》中提出要减轻校内作业负担,并且要规范校外培训机构。

为进一步做好省、市级校内减负和校外减负工作,切实落实减负着力点,在了解以往省、市级在贯彻落实校内减负和校外减负中政策工具的选择特点及运用偏差后,提出如下优化建议。

（一）因症制宜：以权威工具为抓手，优化减负政策工具使用结构，提升政策协同效力

当前，我国减负政策推进已经进入深水区，政策的进一步深化触及既有的校外学科类培训、学校教师承担课后服务工作等校内教师工作制度改革和校外培训机构业务重组；既有的制度安排在长期发展过程中形成的相互嵌套的制度体系，并捆绑复杂的权力格局和利益结构。其变迁具有强大的路径依赖性，减负政策的推进应该以权威工具和系统变革工具为抓手，寻找减轻中小学生作业负担和校外培训负担切入点，分步骤、有序地实施调整。

麦克唐纳和埃尔莫尔认为，不同的政策工具有最优的适用情境且各有其优缺点，政策工具的科学化组织尤为重要。当前，省、市级政府在以权威工具、能力建设工具为抓手的同时，也要根据减负政策目标与现实需求，对其他政策工具进行合理组合，实现优势互补。

具体来讲，权威工具是促使减负政策能够有效执行的关键力量，既能在校内减负中起到自上而下的学校管理效果，也能在校外减负中对校外培训机构进行严格规范。能力建设工具有助于提升学校自身和校外培训机构的长远发展，在制定政策时应酌情合理使用。激励工具有助于调动学校自身和校外培训机构的积极主动性，消解权威工具的强制命令而导致的消极情绪，对于提升学校减负积极性有一定推动作用。象征与劝诫工具能够对政策目标群体进行引导，让其能够自发认同减负政策，并努力达到政府最初期望的价值观和行为。系统变革工具是激发政策目标群体自身动力的工具，能够起到"造血"功能的工具，通过市场力量和社会力量来使目标群体本身主动变革。以权威工具为抓手，关注其他工具的合理使用，能够更好地"输血"与"造血"，动态地促使减负政策落到实处。

（二）因地制宜：减负政策推进关注"本土化"，寻求本地减负政策工具和政策文化、空间及受众的自洽

优质的教育政策既需要宏观层面的"顶层设计"，也需要地方政府的"基层创新"，在战略决策上坚持顶层设计、统一领导，在战术选择上鼓励

基层创新、因地制宜。唯有如此,才能调动中央和地方两个积极性,最大限度地激发出推动改革发展的强大功能。所以,减负政策的推进,需要来自国家层面的"自上而下"和地方政府层面的"自下而上"两种路径的变革。现有政策较多使用"自上而下"的变革,而"自上而下"的政策工具一致性较强,并且对本土政策的探索不足。省、市级政府为了政绩和"政策竞争",更愿意使用同级政府的政策表达和政策工具和缺乏"本土化"因地制宜的政策话语和政策工具。减负政策的"本土化"能够兼顾地方情况,提升国家政策和地方政策文化、空间及受众的契合性,这需要省、市级政府在制定减负政策和使用政策工具时从两个方面去考虑。

第一,衡量本地学生负担水平,常规化检测中小学生的作业负担和校外培训负担水平,根据学业负担水平适时调整政策。明确每个省份、每个地市在全国范围内属于什么水平,对于学业负担较重的地市要切实减负,而对于学业负担不足的地区也要适时增负。所有省份都可以依托省、市级科研部门来摸清底数,了解学生的负担情况。具体来讲,发达省份可以通过高新科技和实时检测了解学生学业负担,并根据学业负担情况对政策进行相应调整。不发达省份可以通过实地调研或者深入中小学参与式观察了解学生负担水平,并依此进行调整。在衡量学生学业负担时,不应把学生学习时间或者作业时间作为唯一负担标准,关键还是要全面、准确、动态地了解情况。

第二,制定符合本省或者本地市省情、市情、学情的减负政策,使用合理有效的减负政策工具,避免"一刀切""盲目对标"。较为粗放的"一刀切"减负政策,是在没有实地考察本地实情、本地学校制度特点、学生学情、家长需求的情况下,盲目对接上级政府或者对标同级政府减负政策。校内减负政策制定和政策工具选择要考虑到本省、本地市的学校、教师、学生、家长情况,尤其需要考虑家长需求、地方社会观念和舆情的引导方式,校外减负政策也要考虑到本省或者本地市校外培训机构的具体情况。

（三）注重激励工具和系统变革工具的使用，使政府对学生学业的管理由"双减"转向"双提升"

以往的省、市级减负政策中，更注重权威工具和能力建设工具的使用，而对于激励工具和系统变革工具使用甚少。这主要由于激励工具需要一定的政策资源倾斜和奖励支持，在政策设计中更烦琐，而系统变革工具需要强有力的行业组织以及良性的市场来发挥推动作用。这些政策工具选择会对省、市两级政府治理能力和资源供给带来一定的挑战。而提升减负中政策目标主体的内在动力，是校内外减负的关键之举。

"双减"政策的最终目标指向了建设公平的高质量基础教育体系，减轻中小学生的作业负担和校外培训负担也是为了学生能够更公平有效地学习。所以，"双减"本身也是"双提升"的过程，这里的"双提升"是指提升校内课堂质量、提升课后服务水平。激励工具和系统变革工具可以为这两个方面的提升助力。

校内减负应关注激励工具，提高内在动力，提升校内课堂质量，减轻课后作业负担。激励工具包括财政激励、声誉激励和授权激励。一方面，树立减负典型学校，结合其他学校实际情况进行推广。通过学业负担检测系统了解负担轻、效率高学校的做法，并以德尔菲法了解这些做法的可行性和可推广度，进而进行推广。对于典型学校，可以授权进行进一步的探究，并且给予财政激励和声誉激励。另一方面，探究提升课堂质量的办法，对课堂质量高的教师给予声誉激励。提高校内课堂质量，让多数学生"吃饱"，才是避免大量课堂作业的关键前提。对于课堂质量高的教师，可以让其在教研会议、暑期培训时对同校和同城教师进行培训，并给予相应的声誉激励。

校外减负应关注系统变革工具，发挥行业力量并转变职能，通过政府购买服务方式助力课后延时服务。随着课后延时服务的出现，下午"三点半"问题正在得到解决，但是课后延时服务的内容、教师和形式各省份差异很大。通过政府购买服务的方式，校外培训机构职能转变，提供课后延时服务，都是值得该行业关注的转化思路。发挥行业组织的力量和社会力量,关注系统变革工具的使用,是增强校外减负目标群体内在动力的关键着力点。充分发动社会力量和行业自治能力,促进社会各界力量尤其是校外培训委员会参与校外减负的治理,推动省、市级政府,社会组织和学校构建合作伙伴关系。

第二章 小学语文教学基本策略概述

　　小学语文教学是小学教育教学活动的重要组成部分,具有巨大的教育价值,能够有效促进小学生身心的全面发展。目前,由于受到内外部多种原因的影响,小学语文教学的策略还不够完善,尚有问题存在,并制约着小学语文教学活动的有效开展。面对小学语文教学现状,应结合小学教育实际,采取有效的小学语文教学策略,逐步优化小学语文教学,充分发掘小学语文教学应用的教育价值。本章主要对小学语文教学的宏观策略、中观策略、微观策略进行探讨。

第一节 小学语文教学的宏观策略

一、小学语文教学目标的审视

　　教学目标是教学活动的出发点和理想归宿,引导着教学活动的顺利进行,同时,又影响着教学内容的取舍、教学方法的运用及教学效果的评价。《义务教育语文课程标准(2011年版)》全面地阐述了小学语文课程的教学目标,其中包含着一些新观点与新理念。在这些新观点与新理念的指引下,对新课程进行了一系列的改革。为进一步促进小学语文教学的发展,对这一指导性的目标体系进行重新审视是十分必要的。

　　(一)关于"语文素养"

　　新课程标准认为,"语文课程应致力于培养学生的语言文字运用能力,提升学生的综合素质",即语文课程的终极目标是全面提高学生的综合素养。

　　对于"素养"一词,有很多种解释,较多学者认为它是介于"素质"和

"修养"之间的一个概念。从汉语词源的角度来说,"素"本义是指没有花纹的丝织品,是原色的。由于这种丝织品最为常见,因此具有了"平常"的形容词义,在后来的使用过程中又进一步引申为副词。"养"是"养成"的意思,通常指经过努力而达到一定的目标。由此可见,"素养"可以理解为经过平常不断的努力而达到的水平或造诣。那么"语文素养",即指经过平常不断的语言训练而达到的语文水平①。

一直以来,人们对"语文素养"一词褒贬不一。用"素养"来形容语文能力是比较恰当的。第一,语文课程属于人文课程,具有情感性、主观性、不确定性的基本特性,对教材内容的见解与理解往往受到个人的知识背景、生活体验与体悟的影响,因此,语文能力的形成,离不开长期、潜移默化的熏陶。这和"素"的意义是吻合的。第二,虽然没有经过训练的人也能够运用母语进行日常的口语交流,但较高级的语文能力离不开有意识的训练。这正是"养"的意义的体现。第三,从整体来看,由于语文能力是经过长时间的努力才形成的,因此就某个角度来看,个人的语文素养具有一定的整体性,这个整体具有很强的蝴蝶效应,能够对其他人产生影响。

(二)关于三个维度

新课程标准提出了三个维度,即知识与能力、过程与方法、情感态度与价值观。这三个维度的提出,在一定程度上对之前过分注重知识与能力进行了纠正。因此,新课标一出台,"情感态度与价值观""过程与方法"就受到了广泛关注。

1.知识与能力

虽然在推行新课标的过程中,人们有意无意地淡化了知识和能力的目标要求。但就课程标准的规定来看,不管是在学习目标三个维度中的排序,还是就课程"总目标"的表达来看,知识和能力都被放到了极其重要的位置。

"总目标"的相关条款对知识和能力进行了阐述。第四条,"在发展语言能力的同时,发展思维能力"。第六条,"学会汉语拼音。能说普通

①饶满萍.小学语文教学设计与实施[M].成都:西南交通大学出版社,2019:76.

话。认识3500个左右常用汉字。能正确工整地书写汉字,并有一定的速度"。第七条,"具有独立阅读的能力""有较为丰富的积累和良好的语感""学会运用多种阅读方法""能借助工具书阅读浅易文言文","九年课外阅读总量应在400万字以上"。第八条,"能具体明确、文从字顺地表达自己的见闻、体验和想法。能根据需要,运用常见的表达方式写作"。第九条,"具有日常口语交际的基本能力,学会倾听、表达与交流,初步学会运用口头语言文明地进行人际沟通和社会交往"。第十条,"学会使用常用的语文工具书。初步具备搜集和处理信息的能力"。其中,既有对识字写字、阅读、写作、口语交际的知识和能力的要求,又有对可持续发展能力的要求。

关于"知识应被放到课程中的什么位置"这一问题,一直没有定论。就世界教育改革而言,减少知识量,降低知识难度,培养学生的能力与情感,进而促进学生的全面发展,逐渐成为共同的发展趋势。随着科技的进步与发展,获得知识变得越来越容易,拥有知识已不能成为职场的核心竞争力。相对于过去过分看重知识而言,人们逐渐把视线转向了能力与情感。

另外,教学设计是在建构主义影响下进行的,"意义建构"逐渐取代了"教学目标"的使用。学生是学习的主体,是意义的主动建构者,虽然教育思潮在不断发生着变化,知识在教育中的地位也在不断改变,但基本概念、基本原理以及基本方法始终是学习的主题,知识建构只有围绕学习主题进行,才能体现出知识建构的真正意义。换言之,基本概念、基本原理、基本方法是制定教学目标应遵循的原则。如果违背了这个原则,随意建构,没有明确的教学目标,就很可能贻误了学生。

2. 过程与方法

新课标课程"总目标"第三条中的"掌握学习语文的基本方法",第四条中的"学习科学的思想方法",第五条中的"在实践中学习和运用语文"对过程与方法进行了阐述。

言语能力在实施语文教学的实践过程中,不断得到加强。小学语文教学的对象是六七岁至十二三岁的孩童,他们的言语能力正处于快速发展的黄金时期。因此在小学语文的教学过程中应注意过程性,重视过程中方法的运用,以及在科学思想的指导下实施教学,全面提高学生的言语能力。

3.情感态度与价值观

在对语义单一工具性进行纠偏的过程中,情感态度和价值观作为彰显人文性的标志被推到了最前沿。

以《义务教育语文课程标准(2011)》的10条"总目标"为例,其中第一条中的"在语文学习过程中,培养爱国主义、集体主义、社会主义思想道德和健康的审美情趣,发展个性,培养创新精神和合作精神,逐步形成积极的人生态度和正确的世界观、价值观",第二条中的"认识中华文化的丰厚博大,汲取民族文化智慧。关心当代文化生活,尊重多样文化,吸取人类优秀文化的营养,提高文化品味",第三条中的"培育热爱祖国语言文字的情感,增强语文学习的自信心,养成良好的语文学习习惯",第四条中的"逐步养成实事求是、崇尚真知的科学态度",第五条中的"能主动进行探究性学习",第七条中的"注重情感体验,发展感受和理解的能力"等,都对情感态度和价值观进行了集中的阐述。

近些年,很多家长只关注孩子的成绩是否优异,却忽视了孩子成长过程中心理的变化。很显然,长期以来的教育,过分地追求知识化、科学化,而缺少对孩子进行情感与价值观的引导,忽视了孩子心灵的塑造。换言之,在"求真"的过程中忽略了"求善"与"求美"。面对教育中存在的问题,应对历史进行重新审视,对教学目标进行重新审视,教育应当更加关注"求善"与"求美",着力培养孩子们的思想情感、价值判断能力、爱的能力和创造的能力。

二、小学语文教学理念的更新

课程标准提出了四个新理念,即全面提高学生的语文素养,正确把握语文教育的特点,积极倡导自主、合作、探究的学习方式,努力建设开放而有活力的语文课程。围绕这四个理念,对以下两个问题进行论述。

（一）学生是发展中的人

"学生是发展中的人"主要包含以下几层意思。

1.学生是人

曾几何时，作为主体的"人"退出了中国教育界，人所具备的属性全部被忽视或被强制抛弃。在这种教育环境的影响下，很多受教育者都成功被洗脑，自觉地扮演着被异化的"人"的角色。现在的很多教育者都曾经受到淡化"人性"教育的影响，因此，面对新的社会环境，我们需要对教育有一个全新的审视，以全新的理念认识到每一个学生都具有主体性。如《义务教育语文课程标准（2011年版）》中所说："学生是学习和发展的主体""学生是语文学习的主人"。因此，语文学习应尊重学生的主体地位以及个体间的差异，激发学生的学习兴趣，注重培养学生良好的学习习惯与学习态度，为学生创设自主学习的情境，协助学生找到适合自己的学习方法，并在学习中提升自我的语文素养。

2.学生处于发展之中

每个人都处于不断发展之中，而学生由于处在特别的年龄阶段，具有很强的可塑性，教师应重视对学生潜能的开发，依据学生的独特个性，促进其有特色地发展、可持续地发展。另外，在小学六年的学习过程中，每一阶段都有其独特性。以"自主、合作、探究"的学习方式为例，与其相应的学习能力并不是与生俱来的，也不是短时间内就可以形成的，它需要根据不同的学年、不同的教学内容、不同的教学情境，从一年级到六年级的学习过程中逐渐培养与生成的。如果一味地注意学生作为"人"的自主性，而不考虑学生发展的实际情况，往往是适得其反，不能很好地促进学生的发展。

需要注意的是，"以人为本"并不仅仅注重学生的发展而忽视知识的传授，也并不是用学生中心取代教师的讲授，而是注重学生在接受学习的过程中加强自主学习。"以人为本"是教学活动的精神内核，教学中应把学生当作发展中的人来看待，不只关注形式，更应以教学内容为主导。

(二)语文具有实践性

通常认为,语言是用会的而不是学会或教会的。因此,新课标强调了"语文是母语教育课,学习资源和实践机会无处不在,无时不有,因而应该让学生更多地直接接触语文材料,在大量的语文实践中掌握运用语文规律"的观念,并在"教学建议"中要求:"语文教学要沟通课堂内外,沟通听说读写……充分利用学校、家庭和社区等教育资源,开展综合性学习活动,拓宽学生的学习空间。"

新课标发布以前,人们一致认为"语文的外延与生活的外延相等",新课标的要求与提倡,是对语文学习开放性的进一步肯定,并且认为语文具有实践性的特点。

在学生的学习阶段,尤其是在小学阶段,这种导向是科学合理的。学生的学习主要以感性为主,接触更多的是感性材料,因此多让学生参加一些语言实践活动,对于他们提高语文能力是十分有利的。需要注意的是,尽管语文学习具有开放性,应不断拓宽其发展的空间,使其在校外环境中得以运用。如果没有理性的"教"与"学"的引导,"用"就会失去其科学性。对语言的运用如果只是一些低水平的重复,那么是不利于提高学生的语文素养的。

此外,树立语文课程意识也是一个重要的理念。课程有几个不同的层面,李山林在教学大纲(课标教科书)之下,又依次提出了"教师理解的语文课程、课堂建构的语文课程、学生经验的语文课程"三个层面的课程。对于小学教师来说,对课程的层次性有一个深入的理解,不断地拓宽语文的课程资源以及学习领域,对小学语文教育可谓意义重大。

三、小学语文教学内容的调整

一直以来,包括国家权威性的语文教学纲领性文件在内,都把教学目标与教学内容混为一谈。从理论角度上说,教学目标讲的是教学活动应达到的目的,具有指向性;教学内容讲的是向学生讲授什么内容。教学目标是抽象的,教学内容是具体可行的。例如,如果教学目标是"要求学生掌握汉字的基本笔画",那么教学内容就是对具体的汉字基本笔画进行陈述以及向学生展示汉字基本的笔画并进行相应的练习。即教材是语文教学内容的载体,其中包括课文、思考练习、基础训练以及教辅资料等。除此以外,课外读物、音频材料、网络资源以及生活中的实例等,这些教材外的其他资料经过筛选后同样可以成为教学内容的良好载体。由于语文具有圆融性,语文教学内容很难做到条分缕析,然而教学目标却可以具体到点。正因如此,人们常常用教学目标取代教学内容。

虽然教学内容与教学目标都是人为规定的,但认识到二者的差别对教学具有十分重要的意义。由于对同样的教学内容有着不同的理解,可能会产生若干种不同的教学目标。例如对"姓"字的学习,有的教师把教学目标定为掌握该字的音、形、义;而有的教师为开阔学生的视野,会让学生说出自己所知道的姓,并进行交流;还有的教师,会讲述涉及"姓"所体现的中华文化,如"姓"字为什么是"女"字旁,不同的"姓"分别有着怎样的文化,等等。

总的来说,小学语文的教学内容主要包括识字写字(包括汉语拼音)、阅读、写作、口语交际、综合性学习。与之前的教学大纲相比,目前的教学内容有以下几点变化。

1.在识字写字教学中,一、二年级的识字量增加了约500个,"直呼音节"变成了"拼读音节"。

2.写作的教学内容根据年级的差异表现出不同的特点。与之前统一称为"作文"不同的是,第一学段称为"写话",第二学段和第三学段称为"习作",初中阶段才称为"作文",不同的称号对学生提出了不同的要求。

3."听说"转为"口语交际"。"交际"是一种崭新的社会观念的体现,相应地,教学内容也由简单的听说提升到口语应用能力。

4."综合性学习"这一新名词的出现。关于综合性学习的性质,人们尚未形成定论,有的认为是指教学内容,有的则认为是指教学组织方式。而大多数通常认为,综合性学习的"综合"指的是内容的综合,即学习是多学科或多视角的整合。

教学内容的调整应与教学观念的更新一样,引起语文教育工作者的高度关注,顺应时代发展的潮流与要求。

四、小学语文教学方法的选择

王荣生认为，"教学方法有四个层面：第一个层面是原理层面，具有纲领性和抽象性，如启发式教学法、对话式教学法；第二个层面是技术层面，具有中介性和中立性，如讲授法、谈话法；第三个层面是操作层面，如课文题解法、通过形声字识字法；第四个层面是技巧层面，是教学方法在具体场合的运用，体现出不同教师的个人色彩"。在具体的教学过程中，"原理层面"要融入"技术层面"，通过"操作层面"得以体现，最后通过"技巧层面"进行落实。

而每个层面上的教法，都必须做到以教学内容为中心、以学生为中心。也就是说，每个层面上的教学都要符合教学内容的需要，符合学生的认知水平和发展规律，并适于教师个体进行取长补短，只有这样，才是好的教学方法。小学语文是小学阶段最重要的科目，教学内容十分丰富，涉及听说读写、古今诗文。教师在对教学内容进行充分研读的基础上，要考虑到孩童的心理发展、对知识的接受程度，并在情境化、具象化、趣味化教学原则的指导下，把课堂中的教学发挥到"艺术"的境界。

五、小学语文教学评价的改革

"评价建议"在新课标中占了很大的篇幅，从中也可以看出教学评价改革的力度之大，如"量化和客观化不能成为语文课程评价的主要手段""应避免语文评价的烦琐化""形成性评价和终结性评价都是必要的，但应加强形成性评价""定性评价和定量评价相结合，更应重视定性评价""应注意教师的评价、学生的自我评价与学生间互相评价相结合""还应该让学生家长积极参与评价活动"，从多方面对之前的习惯进行了调整。

概括来说，小学语文教学评价的改革其实是在以下两个前提的指导下进行的：第一，语文具有人文性、实践性的特点；第二，学生是学习和发展的主体，教学应尊重学生的个体差异以及考虑到学生的学习需求。

（一）语文的实践性和人文性对评价的要求

"语文"的定义与性质，一直以来是一个争论不断的论题。然而不管其具体指的是什么，作为一门课程，"语"字明确了对实践的要求，而"文"

字无论从语源学角度来看,还是从作为语素构词所具有的意义看,都与"人文"有着密切的联系。因此,我们可以把实践性和人文性作为语文课程的两个特性,以及教师认识语文、实施评价的重要窗口。

由于语文具有实践性的特点,运用成了语文生命的集中体现。而运用又可分为外显的和内隐的,比如课堂内的口语交际与习作练习属于外显的运用,而阅读时的情感体验与语言积累则属于内隐的运用。实施评价之前,需要对这两种实践运用加以区别,避免风马牛不相及的情况出现。

又因为语文具有人文性的特点,情意和志趣会贯穿语文教学的整个过程,并成为影响学生知识掌握和智力开发的重要因素。所以,在实施小学语文教学评价时,学生的学习动机与兴趣、情感态度、合作意识、创新精神以及在语文学习过程中形成的人生价值观等,都应成为重要的评价对象。

(二)学生的发展性与差异性对评价的要求

如前面所述,学生是发展中的人,语文教学应关注其发展性与差异性,这同时也是人本教育的内核。小学生往往对教师具有崇拜的心理,教师的一言一行常常会对他们的心灵产生重要的影响。因此,教师应充分认识到学生个体所具有的发展性与差异性,对其实施因人而异的科学评价,这将对孩子们人生的可持续发展具有重要的作用。

1. 学生的发展性与差异性

对于小学生的发展性,有学者做了详细的诠释:"低年级段的小学生,心理特征带有明显的形象性、具体性、无意性,情感还处在比较低级阶段,对自己情绪的控制能力比较差,虽然已经掌握了最基本的口语语法形式,但是理解书面语言和运用书面语言表达的能力比较低下。中年级段的小学生,在心理与发展过程中,都正处在一个转化和过渡的比较特殊的阶段。高年级段的小学生,初步具备了抽象概括的思维能力,但由于知识经验的限制,还无法进行那些和具体事物相距较远的高度抽象概括的活动,也只能对一些过程、结构简单事物进行抽象概括;口头语汇更加丰富,对词与概念的理解日益丰富、深刻,可以凭借语言进行想象和有目的、按顺序、有选择地进行回想;独自的言语逐渐成为口头语言的主要形式。"这些心理特征直接或间接地影响着小学生的学习,当然,与语文学习也有着密切的关系。小学生发展的阶段性,是实施合理教学与评价的重要依据。

个体之间具有差异性,不同个体有着各自擅长的技能,而不同的技能之间并没有价值高低和品质优劣之分。在这种认识的引导下,有助于评价标准灵活变化,对学生实施更加宽容且合理的评价。例如,在达标测试中,对于由于自身状况未能按时达标的学生,为其提供异步达标的机会,在承认差异性的基础上帮助其找到问题所在,并加以改进,实行延迟评价。再如,运用开放式问题对学生进行测评,由于答案不止一个,所以能够有效测出学生的思维水平和非认知领域的素质。总而言之,接受学生个体之间存在的差异性,认识到学生具有不同的智力、兴趣爱好、个性心理品质等,并通过科学合理的评价方法来激励他们扬长避短,是每一个合格教师的必备品质。

2. 学生的发展性与差异性要求评价多样化

语文和学生是评价的两个要素,对这两个要素有一个准确的认识,是进行教学评价的基本前提。在此基础上,教师可以根据具体情况实施多样化的评价。就目前而言,常用的评价方式主要可分为定量与定性两种。定量的包括考试与考查,定性的则包括评语、成长记录袋。

（1）定量评价

考试作为一种评价方式,是检测教学成果的重要依据。随着人们教育观念的改变,应树立先进的考试观,改革语文考试的内容,考试要与社会实际和学生生活经验紧密联系起来,对学生分析问题和解决问题的能力加以考查。另外,考试的形式应多样化,如笔试和口试相结合,闭卷和开卷相结合等,还可以让学生进行自主命题、自选试题等。

考查通常也含有考试的性质,在成绩的评定上可采用等级制。通过考查,通常能够对学生的观察能力、思维能力等非智力因素有一定的了解。考查的形式有口试、笔试(多为开卷)、调查和日常观察等。考查法要注意及时评价与分析,还要注意将日常考查和总结性考查结合起来,对学生的语文学习情况有一个全面认识。

（2）定性评价

评语法是最常用的传统的定性评价方法，主要指运用口头语言或书面文字，对学生在语文学习中的表现作出评判，并得出相应的评价结论的方法。评语法包括口头评语和作业书面评语两种形式。其中，口头评语最为直接快捷，能够有效地将自评、互评、师评结合起来，进而对学生产生重要的影响。书面评语相对而言，具有一定的滞后性，常常要求评价妥帖、书写规范、风格自然。无论采用哪种形式，都必须符合语文课程标准的要求，"采用激励性的评语，尽量从正面加以引导"。

成长记录袋又称"档案袋"，是近些年颇受欢迎的一种定性评价方法。以往评价仅仅局限于语文书本，而成长记录袋评价方法将评价的角度拓展到课外、社会、家庭，甚至联系其他学科对学生的发展进行综合性的评价。语文成长记录袋通常有一个明确的主题，如语文各单项考核成绩报告单、研究性学习的小论文、诗文摘抄、获奖纪录、作文集等，是学生在教师的引导下，有目的、有计划地在语文学习实践活动中留下的步步脚印。因此，学生在创建语文成长记录袋的过程中，能清晰地看到自己的成长历程，感受自身语文素养的不断提升，减轻了盲目竞争带来的焦虑。成长记录袋的评价方法极具人文性，但是要在教师的指导下进行，尤其在班额较大的情况下，要避免成长记录袋在无人关注中走向自生自灭。

一直以来，教育界过多注重语文教学评价，尤其是对学生的学习结果的评价。语文课程标准拓宽了语文评价的角度，认为"语文课程评价的目的不仅是为了考查学生实现课程目标的程度，更重要的是为了检验和改进学生的语文学习和教师的教学，改善课程设计，完善教学过程，从而有效地促进学生的发展"。因此，形成性评价与定性评价应该受到更多关注，且如何正确评价教师的教学已成为备受关注的问题。

六、小学语文教学资源的开发

目前，只关注"教学大纲""教学计划"和"教科书"的传统课程观已不能适应时代的发展，新课改强烈呼吁教师树立课程意识，开发和利用多种教学资源。

对于小学语文教学资源的开发与利用,新课标的相关建议包括:①语文课程资源包括课堂教学资源和课外学习资源,例如:教科书、教学挂图、工具书、电影、电视、网络、报告会、演讲会、辩论会、图书馆、博物馆等。自然风光、文物古迹、风俗民情、国内外的重要事件等都可以成为语文课程的资源。②学校应积极创造条件,努力为语文教学配置相应的设备;还应当争取社会各方面的支持,与社区建立稳定的联系,给学生创设语文实践的环境,开展多种形式的语文学习活动。③语文教师应当高度重视课程资源的开发与利用,创造性地开展各类活动,增强学生在各种场合学语文、用语文的意识,多方面提高学生的语文能力。

随着课程标准的推出,课程意识逐渐引起重视,每一名教师都承担着课程资源开发的重任。对于课程资源,可以从以下几个方面进行理解。

(一)语文教科书是最核心的语文课程资源

随着社会的进步,语文教材的概念不断扩大,包括教科书、教学指导书、课外读物、教学挂图、幻灯片、录音带、录像带等多方面内容。但事实上最核心的语文课程资源仍然是语文教科书。

自1986年全国中小学教材审定委员会正式成立以来,教材编审分开,语文教科书改变了以前单一的内容模式。特别是在第八次课改后,语文教材领域呈现出百花齐放的局面。以小学语文教材为例,2001年起,人教版、北师大版、苏教版3个版本的《语文》在教育部推荐下并在全国范围内试用。此后,湘教版、鄂教版、冀教版、西南师大版等也先后通过了中小学教材审查委员会审查,小学语文课程的教材呈现出多样性的特点。按照课程标准的要求,这些新教材都尝试着改变教材的服务功能,由单纯的"教本"向便于教师和学生使用的"学本"转变。形式上大多考虑到儿童的心理发展规律,做到了图文并茂,极具趣味性。此外,各种版本的教材都各具特色,如北师大版以学生语文实践活动多样化为核心,以适合学生认知水平的"主题单元"为方式进行编排;湘教版低年级以口语为主,口语与书面语为独立的两条线,前后跟随,有着紧密的关联性等。

(二)语文教师和学生等都是极为重要的人力课程资源

语文教师、学生、家长、语文学科研究者、作家等人力资源也是十分重要的课程资源,在整个语文教学过程中有着不可忽视的作用。教师和学生本身就是很重要的课程资源。教师的学识、思想品质、道德修养等,在学生眼中,都是学习的典范,是"活"的课程资源。而学生的个性与差异性,对于教师而言,也是重要的可参照的课程资源。有人参与的国内外大事、日常生活琐事,经过筛选加工之后,同样也可以成为重要的语文课程资源。所以,在以人文性为突出特征的语文课程当中,人力课程资源具有重要的意义。

(三)教学硬环境是不可忽视的语文课程资源

如果说人力课程环境被视为教学软环境的话,那么教室、校园、社区等则是与此相应的教学硬环境。具体包括以下几个层次:教室里的特色角,如生物角、展示角、图书角等;学校里的图书馆、资料室、电子阅览室、布告栏、报廊等;社区里的博物馆、展览馆、科技馆、自然风光、文物古迹等,都是可以利用的重要的课程资源。

(四)在广泛开发课程资源的同时应做到合理利用

随着课改的不断深入,越来越多的教师对新课程观有着更加深刻的理解,他们意识到对课程资源进行开发和利用的重要性。在教学过程中补充相关的资料,引进其他学科的知识,运用多媒体设备,将会极大地拓展教学时空。需要注意的是,在对课程资源进行广泛开发的同时,还应合理利用。

1.结合教学实际

在教学过程中,对课程资源进行利用时,应综合考虑教师教学修养的现实水平、学生的实际情况、具体的教学目标与教学内容等,切忌"拿来主义",盲目搬用,以致弄巧成拙。课改课堂中,教学说明文,如《新型玻璃》,常常可以见到这样的教学过程:课前布置搜集资料,上课时,主体活动就是分组讨论,学生有的讨论问题,有的根据课前搜集的资料回答问题,整节课变成了一堂课外资料展示课,与教学目标和教学内容相脱离,未能实现课文想要表现的文本价值。

2. 紧扣语文特点

新课标要求语文教学应注重课外资源的引入以及学生的自主合作学习。因此,小学语文课堂变得丰富而热闹,形式多样化。不少教师为了激发学生兴趣,使课堂变得丰富多彩,常常精心制作课件,以至于课堂上学生鲜有时间读书,也很难认真去品味语言之美。由此可见,流于形式的自主合作探究使得语文课堂忘记了语文最本质的要求,成为脱离言语活动的游戏课堂。

学生绘画、表演等非语文活动占了学生语文课上应有的读书、品味语言文字的时间。语文课程虽然应建立开放性的学习平台,但需要注意的是,不应把语文课堂变成一个漫无目标的大杂烩。

3. 加强整合与提炼

一些教师常常让学生课前搜集资料,但在课堂上交流时,学生准备的资料大多派不上用场,甚至连展示的机会都没有。而那些在课堂上用到的资料,也由于事前缺少整合与提炼,无法达到应有的效果。所以,在课堂上需要用到某些相关资源时,在使用前应先进行整合,提炼转化成自己的语言。

第二节　小学语文教学的中观策略

一、学期教学计划的制订

(一)学习课标,领会纲领

学校在制订学期教学计划的时候,会参考一定的课程标准。课程标准是根据教育方针和教育计划,由国家教育行政部门制定和颁布的教学工作指导性文件。它对各个学科的课程性质、课程理念、课程目标以及各学段的教学目标的设置都有一定的指导作用。语文教科书也是在语文课程标准的指导下完成编写的。语文教师只有领会了语文课程标准的精神,才能为学生制订合理的教学计划,正确把握教学的内容。

(二)熟悉教材,统观全局

小学语文教师必须在把握语文课程标准的基础上熟悉语文教材,从整体上把握语文教材的内容、编写体例、各单元之间的联系,明白编者对各单元课文编排的意图,力求对教材的系统性进行一个全局的把握,做到心中有数,有的放矢。除此之外,教师还应该尽可能地对教材的前一册和后一册进行通读,使自己能够对前后的知识点进行串联,更加系统地把握整个语文教材。

(三)了解学生,掌握情况

教师对学生全面清楚地了解,才能更好地把握每个学生的特点,做到因材施教。如果自己的学生是一年级学生,那么教师在有可能的情况下还应该对每个学生的家庭进行了解。教师对学生的了解应该包括以下几个方面——学生的性格特点、兴趣爱好、原有的知识基础、生活习惯以及家庭环境、家长的教育方式等。如果教师是在中途接管一个新班级,那么应在学期开学前对这个班级学生的情况进行全面了解。诸如学生的学习态度、对语文课程的认识、学生原有的知识水平、学生之间的差异等。了解新班级的具体方式有:召开学生座谈会、分析学生上学期的试卷、征求学生意见等。即使是一个连任的班级,教师在学期初也应对学生的情况做一次总体分析。

(四)统筹兼顾,制订计划

教师在全面统筹的基础上,制订合理的学期教学计划就显得非常重要了。具体来说,学期教学计划的内容包括以下几个方面。

1.分析班级情况

主要是指教师分析学生的基本技能、基础知识、学习习惯等情况。同时,教师还要分析班级的学期发展情况,甚至学年的变化情况。

2.分析本学期教材内容

主要是指教师对教材的分析情况。具体来说,教材分析包括以下几个方面:教材内容,课后练习,单元顺序的特点、目的、作用等。

3.明确本学期教学总目标、教学重难点

在课程标准的指导下,教师要从全册教材内容和特点出发,制定符合学生实际的教学总目标及教学重难点。

4.制定提高教学质量的措施

教师应该定期实施一些教学措施来提高教学质量,如采取相应的方法来帮助成绩较差的学生、培养学生的学习兴趣及学习习惯、制定正确有效的课堂提问策略等。

5.制定合理的学期教学进度

制定合理的学期教学进度包括教学内容、教学要求、课时数、教学准备等内容。

二、单元教学计划的制订与实施

单元教学计划对课时教学计划起着重要的指导作用。通常情况下,单元教学计划包括本单元教材简析、教学目标、教学重难点、教学进度安排等内容。在制订单元教学计划时,教师应注意以下三个方面的内容[①]。

(一)正确理解教学单元

小学语文教材的教学单元在编排上大多是通过某一专题达到让学生识字写字、口语交际、写作练习的目的。教学单元的安排具有一定的灵活性,教师可以根据教学对象及教学条件的不同,对同一教学单元作出不同的安排。

(二)明确制订单元教学计划的步骤

制订单元教学计划的步骤,应从以下几个方面进行。

第一,研读单元教材内容。教师应了解各单元的教学内容以及各单元之间的相互联系,明确单元内容的教学目的及教学重点等。

第二,明确单元教学目标。教师应根据语文课程标准中提出的识字写字、阅读、习作、口语交际、综合性学习五个方面的学习目标,结合教学

---

①徐凤杰,刘湘,张金梅.小学语文教学生活化的策略与研究[M].长春:吉林人民出版社,2021:24.

实际以及本单元的相关内容来制定合理的教学目标。

第三,制定合理的单元教学进度,形成相对完整的学习内容体系。

(三)明确制订单元教学计划的基本要求

制订单元教学计划,应该明确以下两个方面的要求。

第一,要有明确的目标。教师要始终明确教学单元的学习目标,包括知识与能力、过程与方法、情感态度与价值观等。

第二,教师要合理安排教学时间,并对教学时间留有一定的余地。

第三节　小学语文教学的微观策略

小学语文教学微观策略多指课堂教学中的策略,即在一堂课的教学目标已经确定之后,有针对性地组织教学的决策和设计。在此过程中,教师随时要解决课堂上学生学习动机、注意力、思维、情绪、学习节奏等问题,处理课堂上的意外事件。

一、小学语文课堂教学的基本环节

课堂教学环节的划分,因课型的不同而有所不同。依据课型,课堂教学可分为新授课、练习课、复习课等。以下就从新授课为例阐述小学语文课堂教学的几个基本环节:导入—教授新内容—结课。

(一)导入

导入即导入教学内容。导入这个教学环节所起的作用有很多,如它可以安定学生的情绪,把学生的注意力集中起来,把学生的学习兴趣激发出来,并向学生明确学习目的,建立知识间的联系。导入的形式也多种多样,如直接导入、联系旧知识导入、利用名言警句导入、设置悬念导入、故事导入、创设情境导入、审清题意导入、实物演示导入等。无论选取什么样的形式,都要有目的性、针对性、启发性和趣味性,让学生明白本课堂将要学什么,为什么学,怎么学。

设计、运用好导入,就代表教学成功了一半,它需要教师对教材有深刻的理解,并要进行精心的再创作。教材内容和学生的实际情况是选择导课形式和方法的主要依据,因此不可随意、轻率。导入在语言方面要做到精练,设问或讲解能吸引人,激起学生的学习情趣和学习动机,让学生的情感和注意力迅速指向所学内容。导入的时间要把握好,不能太长,控制在2—3分钟内即可。若导入时间太长,就会喧宾夺主,影响下一个环节的开展进程,进而影响新课的教学。

(二)教授新内容

教授新内容是上课中的主体环节。在这个环节里,教师要注意抓住教学重点、难点,以便对学生进行语文基本功训练;在这个环节里,教师要注意师生、生生之间的互动,把提问、讲解与学生读书、思考、讨论、探究进行有机的结合,以协调发展学生的知识与能力、过程与方法、情感态度与价值观。检查预习和围绕教学重点、难点分步实施教学是教授新内容这一教学环节的必经过程。这里着重就分步实施教学中教师的提问、讲解和板书进行阐述[①]。

1. 提问

提问,即教师在课堂教学过程中为了引起学生思考及其言语反应,有意识、有目的性地向学生设置问题,以达到教学目标的行为方式。可以说,设计、运用好一连串精彩的问题,是一节好的语文课的重要标准。由此可见,在小学语文课堂教学中,提问有着非常重要的意义。

2. 讲解

讲解,即教师在课堂教学过程中直接运用语言向学生传授知识的教学行为。讲解,可以启发学生的思维,表达教学思想。课堂讲解的语言要求准确、形象、具体、生动,以能在较短的时间内向学生传授全面而广泛的知识;讲解应该要把难以理解的、枯燥乏味的问题变得通俗易懂、生动有趣;讲解应该把看不到的情景描绘得栩栩如生。优秀的讲解可以陶冶学生的感情,激发学生的求知欲,提高学生的审美情趣等。

---

①廖娅晖. 小学语文教学设计[M]. 北京:中国铁道出版社,2018:58.

3. 板书

在教授新内容这个环节里,教师除了对学生设计必要的提问,进行讲解外,还应板书一些必要的知识点。更为重要的是,教师应把读书贯穿到课堂教学的全过程中,引发学生在读书中思考,并积极进行讨论和探究问题,以尊重学生在课堂教学过程中的独特体验。

(三)结课

教师在完成某项教学任务后,需要对教学内容进行总结和归纳,转化升华。这种教学行为就是结课,结课即课的收尾,也叫"断课"或"教学小结"。结课所花费的时间不应该也不能太长,几分钟即可。结课在一堂教学课中有着很重要的作用。它就相当于聚光灯,将学生的知识聚集起来,帮助学生把感性认识上升为理性认识,使学生能够掌握所学内容,难以忘记。

结课的形式多种多样,有总结式、畅想式、悬念式、抒情式、表演式、激发式、欣赏式、延伸式等。至于选择哪种结课形式,其重要的依据就是教学内容和教学对象,使内容和形式达到统一。

二、小学语文课堂教学的预设与生成

一般而言,课堂教学是预设的,也就是说,一堂课的教学过程,需要预先进行精心的设计,成为教案,再实施。然而教学工作对象是人,人本身又具有能动性,这就决定了课堂教学有生成性,传统教育主要以凯洛夫等人的教学论"三中心"("教师为中心""书本为中心""课堂为中心")为指导,即便如此,课堂教学也存在一定的生成。新课改之后,人们更加强调学生的主体意识,因而也就更凸显了课堂教学的生成性。然而,"预设"与"生成"不是矛盾关系,而是反对关系;"合理预设"是"优质生成"的必要条件。

(一)"预设"与"生成"不是矛盾关系而是反对关系

凸显、强调生成,并不必然地要淡化预设。从逻辑的角度来看,"预设"与"生成"并非互不相容,并非矛盾关系,而是反对关系。例如,"红"的相对词,人们一般想到的是"绿"。而在特定的语境下,"红"与"黑"也可以是相对词。名著《红与黑》中,"红"与"黑"显然是对立的。类似这些词,它们之间都是反对关系。而严格意义上的矛盾关系则是互不相容的、非此即彼的关系,不存在任何中间状态或者第三种、第四种形式。一般而言,"预设"是提前设置,"生成"是在具体情境中自然长成,实际上二者是共存的。"生成"并不是毫无基础,它不能离开"预设"。"预设"由"生成"实现,"生成"生成于"预设"之上。

(二)"合理预设"是"优质生成"的必要条件

这里讨论的"预设"是"合理"的,它是符合学生、教材、教师的实际情况的教学设计;"生成"是"优质"的,它是根据课堂的实际情况及时作出科学的反馈与修正。在教学实践中,"合理预设"是"优质生成"的必要条件。从教学论意义的角度来看,成功的教学活动都离不开充分的准备。教学者如果对教学内容、教学对象及自身都没有足够的了解,那么,他是很难上出一堂优质课的。因此,没有"合理预设"就没有"优质生成",前者是后者的必要条件。

需要指出的是,"优质生成"却不一定是"合理预设"的必然结果。对于一个教师来讲,想将课备得科学又合理,他在课堂上就应该是发挥得游刃有余,能够及时关注到学生的当堂反应,并有能力处理课堂的一些意外事件,做到教学最优化。但是,也并不都是如此。比如有的教师认为自己的备课已经做得非常好了,结果在课堂教学过程中忽视学生作为人的鲜活个性和思维活跃性,或者处理不好一些非教学意义的课堂突发事件,这些都会影响"优质生成"的效果。

综合上述认识,预设与生成的关系是并存的。从广阔的视野来看,如果没有合理的课前准备,也就不会产生优质的课堂教学;当然,做好了课前准备,也并不必然能生成一堂优质课。

小学语文课堂纵然有自己的特色,但就预设与生成的关系而言,它与所有课堂又是一样的。因此,从逻辑的角度来认识预设与生成的关系,这对小学语文教师厘清新课改观念是非常有帮助的。

三、小学语文课堂教学的反思

教学反思主要是对活动进行逆向思考和对之前的状况进行思考。要实现教学优化,必须要进行教学反思,而教学优化又是教学反思的促进动力之一。

(一)教学反思的意义

第一,教学反思是教学优化的必由之路。从辩证唯物主义认识论的角度来看,人类要经历"实践认识再实践再认识"的过程才能更好地认识客观事物。积极反思是人类进取的标志。教学反思包括反思教学活动本身,反思自身素养,反思教学材料。教师积极地进行教学反思,有助于培养学生的反思意识和能力,有助于学生语文素养的全面提升。

第二,教学反思是教师专业化的需要。一个教师的成长=知识+经验+反思。反思属于元认知,是一种体验后的调控。通过积极有效的反思,可以不断更新教师的教学观念,改善其教学行为,提升其教学水平;通过积极有效的反思,教师可以在学生的"错误"、自身的"失败"、教材的"局限"中寻求发展、出路和进步;通过积极有效的反思,教师可以从冲动的、例行的行为中解放出来,实施教学行为时更加审慎;通过积极有效的反思,还可以使教师从教学主体、目的和工具等方面,从教学各个环节中获得体验,变得更加成熟。因此,人们普遍认为,教师取得特定实践成就、走向解放和专业自主的重要途径就是因为进行了积极有效的教学反思。

(二)反思的主要内容

几乎所有与教学有关的活动都应该进行积极有效的反思。针对如今小学教育新课程改革中出现的新问题及对语文教师的特性要求,这里主要探讨的是学习内容的反思、学习方式与教学组织的反思、自身语文素养的反思。

1.学习内容的反思

人们提倡"要打破唯教材中心论""要创造性地使用教材"的教学理念。但是,应该看到,这种教学理念倡导的前提是教师必须要深入钻研教材、理解教材。如果片面地理解"创造性地使用教材",甚至抛开教材进行发散,就很可能走上另一个极端;如果随意地拓展知识内容,忽视语文课的本体训练,那么,就很难把语文教学的质量提高。因此,教师应该重视对学习内容进行积极有效的反思。

2.学习方式与教学组织的反思

关于学习方式与教学组织的反思,主要针对的是现实中教学者对学生学习"自主""合作学习"的异化。

(1)"自主"的异化与还原

在如今现实的教学实践中,课堂教学方面存在一种教学者片面追求"个性化"教育的倾向。例如,当今阅读课上,流行的是让学生自读课文、自定学习内容、自选学习方法。表面上看,这似乎是发扬了学生的主体精神,把认识活动提升到了生命活动。然而,"自主"并不等于"放任自流"。从人性的角度来看,小学生是自主选择了,但在选择的过程中通常是避难就易,从而也就无法达到培养小学生主体精神的目的,影响大多数小学生的学习,导致课堂教学质量无法得到有效的提升,甚至出现直接的下滑。

学习者要做到自主学习,要求其心理达到一定的发展水平,要具有内在的学习动机,并具备一定的学习策略。因此,小学生的自主学习是在自我意识充分发展的基础上,明确自己学习行为的目的性,并有能力自觉监控自己的学习活动。而这些也都离不开教学者的引导。

(2)"合作学习"的异化与还原

在当前的课堂教学改革中,"合作学习"的主要形式就是,把学生分成若干小组学习,这被广大教师所采用。然而,在实际的课堂教学过程中,不少教师对合作学习的理解是比较僵化的,只是片面地追求所谓小组学习的形式,其进行的一些合作与探究毫无意义。

因此,合作学习应该要有自己的组织原则与组织时机。

合作学习的组织原则:合作学习的前提是要有独立的思考,合作时有明确论题及组织,小组中所有学生都要真实参与。

合作学习的组织时机要准确把握、运用。一般而言,当课堂教学中出现以下几种情况时,就可以考虑使用合作学习。

第一,出现了新知识,需要培养探索、合作能力。

第二,遇到了所有学习者都期盼解决的问题,而仅仅依靠个人能力无法实现。

第三,学习者意见不一致,且存在争论。

总之,小组式合作学习并不是用得越多越好。使用小组式学习时,应该充分考虑学生的学习习惯、学习能力等因素,相机合理组织,从而更好地发挥小组式合作学习理想的作用。

针对目前的课堂教学问题,教育学者阐兆成提出了10个不等式,对学习方式与教学组织的反思是很有裨益的。这10个不等式为:"满堂问答≠主动参与;小组讨论≠合作学习;开展活动≠探究性学习;重视能力培养≠淡化双基;课堂活跃≠教学设计合理;提倡教学民主≠不要教学秩序;提倡鼓励≠表扬越多越好;信息技术与教学整合≠每节课都用课件;教学评价≠只评价教师的教;用教材教≠教教材。"

3.自身语文素养的反思

与其他教师不同,小学语文教师的素质要求并不以知识为主体,而是以运用语言的能力为主体。因此,小学语文教师应做到以下几点。

(1)掌握一定的语言文字知识

小学语文教师需要掌握的语言文字知识,如现代汉语词汇、语法、语用知识,现行汉字基本知识中的造字法、汉字结构、汉字规范化知识、词源知识等。掌握了这些知识,有助于语文教师理解教授词义、上溯字源,了解词与词之间的关联,建立词义系统结构。

(2)锤炼口头表达能力

口头表达能力既要求"语音标准",又要求"情感丰富",具体到小学语文教师的识字教学中,更为重要的是语音标准。毕竟小学生重要的任务正是学习语言,其年龄阶段也是学习语言的最佳时期,小学语文教师特别是启蒙教师,其普通话水平对小学生的方言程度产生直接的决定作用。对此,小学语文教师的应努力克服方言语调,确保自己的普通话水平达到二甲以上。另外,无论是课堂上还是在与学生交流的日常生活中,都要坚持讲普通话。至于"情感丰富"这一要求,应直接体现在教学常规语言中,同时还应该集中表现在态势语辅助汉字教学中。小学语文教师应该要有意识地使自己的表达"情感丰富",对学生产生感染力。

（3）提高板书能力

小学语文教师应具备一定的板书能力,其最低要求就是不能写错字,笔顺也要做到规范。此外,要保证使用楷书来书写,争取做到有力、个儿大,以便于学生的辨识,从而减少视觉的疲劳。

（4）提升思维品质,做创新型教师

小学生正处于好奇心、探索欲特别强的年龄阶段,如果小学语文教师不经常思考,就会经常对学生的问题回答不上来,也无法指出大致的思考路径。这不仅影响到小学生当时的兴趣保持,也很难培养其创新思维。经常进行思考,积极进行创新,这关乎一个教师的教学态度与能力素养。

四、小学语文课堂教学实务管理策略

（一）学生学习动机管理策略

小学语文课程与教学致力于培养学生的语文素养。然而,在小学生的意识里,断然没有什么语文素养的概念。也就是说,小学生没有自觉地想到要提高自己的语文素养,对自己学习语文的目的、动力认识很模糊。因此,教师在语文课堂上应加强对小学生学习动机的管理,其具体策略可参考以下几点。

1.从语文课堂教学的整体视角看

从语文课堂教学的整体视角看,管理学生的语文学习动机重在培养。第一,调整语文课堂教学的目的;第二,语文课堂教学应突出年段特点。

（1）调整语文课堂教学的目的

从语文教学整体视角来调整语文教学的目的,是管理学生语文学习动机的出发点。教育学者杨启亮认为,语文教学以热爱为目的,就可以超越认识的局限性。因为这样可以升华其他目的。杨启亮进一步指出,如果以热爱或兴趣为目的,语文教学才有可能激活创造力。人本主义心理学家马斯洛就认为,正处于创造过程中的人,他也正沉浸其中,被当前所进行的事件所吸引。而这种沉浸和被吸引,就是源自强烈的兴趣和激情。据此,马斯洛提出了创造过程三阶段:第一阶段是即兴,第二阶段是酝酿,第三阶段是灵感。这三个阶段就是人的兴趣不断升华的过程,在此过程中,热爱可以保持和增强兴趣,从而实现创造更内在的动力。

由上述可知,语文教学以热爱为目的才能真正创造语文,也只有以兴趣和激情为始点,才能发生创造。

(2)语文课堂教学应突出年段特点

在小学阶段,低年级和中高年级的语文课堂应该符合相应阶段学生的学习特点和学习水平。例如,低年级的小学生还处于"游戏时期",对于现实与虚拟之间的不同还不能很好地进行区分,他们对情境饶有兴趣,并喜欢通过游戏的方式学习。因此,对于低年级的小学生语文课堂教学,应该要突出游戏味,以此培养他们热爱语文,学好语文的动机。中高年级的小学生,游戏因素在他们兴趣上的作用逐渐降低,语文课堂就应该趋于理性。

2.从语文课堂教学具体操作方法看

从语文课堂教学具体操作方法看,管理学生的语文学习动机重在激发。为此,教学者在课堂教学中应做到以下几点。第一,注意教学的良好开端,激发学生学习兴趣。第二,科学地组织安排教材,注意教学内容的新颖性。第三,端正教学态度,建立良好的师生关系。第四,及时表扬和奖励学生,使他们进入学习的良性循环。

总之,管理学生的学习动机,就要做好培养和激发两方面的工作。

(二)学生注意力管理策略

小学语文课堂教学中,学生注意力的管理既要遵循小学生的心理特点,也要遵循语文教学的规律。小学生注意力的发展主要表现在注意的自觉性和注意品质的完善程度上。具体表现为:第一,有意注意逐渐发展,无意注意仍起作用;第二,注意的范围仍有限;第三,注意的集中性和稳定性较差;第四,注意的分配和转移能力较弱。因此,在小学语文课堂上,教师管理学生的注意力应做到以下几点:第一,要充分利用无意注意,激发学生的学习兴趣。第二,启发有意注意,培养学生学习语文的自觉性。第三,多用暗示的方法去组织学生的注意力,如利用手势、提高音调、行间巡视或个别指点等。第四,多用眼神调节学生的注意力。第五,应注意严格有度。

在课堂教学操作方法上,管理学生的注意力可采用以下策略。①把握最佳时间——集中学生的注意力。②搞好形象直观的演示——吸引学生的注意力。③进行多种形式的练习——稳定学生的注意力。④巧用课间律动——避免学生注意力的分散。⑤让学生主动参与学习——保持学生的注意力。

(三)学生思维管理策略

课堂中管理学生的思维,所要面临的现实基础是:小学生思维是感性成分多,理性成分少;形象成分多,抽象成分少;群体中个体思维差异较大,发展不平衡。为此,教学者应该激发、鼓励学生思考,创造条件促使学生思考,使其从具体形象思维向抽象逻辑思维过渡;关注学生思维的敏捷度、灵活度以及思维的深度与广度等,让学生在语文学习中形成具有个性的创新思维方式。

(四)学生情绪管理策略

在小学语文课堂中重视学生的情绪管理,有利于学生的身心健康,也有利于课堂教学的高效实施。小学语文课堂上管理学生的情绪要做的是预防学生不良情绪的发生,为此就要弄清楚引起学生不良情绪的因素;善于发现学生的不良情绪,并给予高度的重视,帮助学生培养积极健康的学习和生活情绪。其具体策略如下:第一,从学生的层面体察语文,语文是学生形成良好情绪的教科书。教学者应该善于通过课文中的典型人物的言行举止,让学生认识到真善美和假丑恶,从而使其获取正确的价值观,产生向上的积极情绪。第二,教学者在语文课堂上应充分运用表扬、奖励等手段,可以较好地管理学生的情绪。第三,建立民主、平等的师生关系,建设平等和谐的课堂文化可以帮助学生养成积极健康的情绪。第四,语文课堂上多给学生提供积极的情绪体验。第五,通过课堂制度培养小学生控制和调节情绪的能力。第六,建设良好的课堂生态环境,使学生更容易产生积极的情绪。

(五)学生学习节奏管理策略

小学语文课堂上管理学生学习语文的节奏,就是要让语文课堂教学节奏符合学生学习语文的规律,符合学生年龄特点。一堂优秀的语文课堂,其节奏应该是动静结合、张弛错落、疏密相间、起伏有致、整体和谐。

(六)意外事件的应急处理

在课堂教学上,经常会出现各种各样的意外事件。有的意外事件来自学生思想的旁逸,对此,教学者应怀着一种尊重之情来处理。有的意外事件来自学生的出错。这种错误可能就是一次非常好的教学契机。教学者应该用宽容之心,慈爱之情,从学生的错误中敏锐地获取合理的因素,化"错"为"对",激活教学,让学生的错误生出智慧。此外,有的意外事件还来自学生的行为失当,来自特殊的学生,来自教师的言行失误,还可能与课堂教学内容无关。教学者无论采取什么具体的策略处理课堂上这些不可避免的突发事件,都应该遵循以下原则:第一,正视意外、善待意外;第二,尊重学生、理解学生;第三,自我批评、加强修养。

第三章 基于"双减"背景的小学语文教学策略探究

第一节 基于"双减"背景的小学语文教学现状

随着国内素质教育模式日益深入开展,教育工作者对教学课堂如何有效促进学生各方面素质的发展提出了很多创新式的想法和建议。本章则基于目前"双减"政策背景下,从小学语文教学的角度去思考和研究当前创新教学的课堂现状,并为小学语文教学的创新发展提出一些浅知拙见。

"双减"政策的颁布是为了减轻学生作业负担,小学语文教学作业布置中最容易出现的问题就是大量机械式的抄写等作业,压制了学生的发散性思维,还完全达不到促进学生各项素质能力的教育目的,当下学校教育迫切需求利用创新理念来开展小学语文教学[①]。

一、创新小学语文教学的意义

综合素质教育的推进促使各种新的教育思想、教育模式逐渐诞生,不少教师走在新思潮的前列,通过创新理念或方法开展实际教学。在小学语文课堂教学里创新理念能够突破原有的教学观念,软化学生的思维,特别是小学阶段正是学生各类思想萌芽的关键期,会渴望从不同角度去认识与了解世界,创新开展小学语文教学能够活跃教学课堂,开拓学生被固化的单一思维模式,转而发散思考语文学习上的问题。语文不像数学类学科有着固定答案,语文教学上对于很多问题的看法更加开放,更注重学生对主题核心内涵的理解,发散性思维更有助于学生去感悟不同

---

①王高悦,何伶俐.新课程基本理念下小学语文教学策略研究——以《桥》为例[J].文科爱好者(教育教学),2022(1):240-242.

的情感与价值体现,最终获得精神上的提升。

不仅如此,小学语文教学创新开展还是对新时代课程改革的充分表现,可以帮助教师极大地提高课堂教学质量。小学生天性活泼、玩性较重,注意力难以持久、稳定地放在一件事物上,传统的课堂教学很难让学生对枯燥的语文学习产生长久的兴趣,失去兴趣就会使学生开始排斥学习语文。创新语文课堂教学能让学生感受到学习的乐趣,通过构建一个轻松愉快的课堂氛围来帮助学生积极参与到课堂教学互动中,从而实现语文教学效率的提升。同时,"双减"政策也会要求小学语文课堂的教学内容丰富起来,摒弃通过布置大量家庭作业来学习知识的方式,教师在课堂上就应该让学生充分了解并掌握需要具备的基础知识和学习能力。

二、小学语文教学创新开展的现状问题

(一)小学文言类课文教学中学生理解难度问题较大

传统的文言文、诗歌教学需要学生去理解和感悟,但是小学生心智尚处在发育阶段,理解与分析能力不足,很多成人能轻松理解的内容在一些小学生眼中就像天书一样,如果再加上传统教学方式,就更无法让学生顺利接受文言基础知识教学。但文言文即使是创新式开展,依旧避不开枯燥的知识重点,因而很多语文教师干脆让学生了解大意后直接背诵全文,以确保教学目标的达成。但这样的死记硬背只会让活泼好动的小学生产生反感的心理情绪,他们会疲倦于一味地背诵默写,尤其是在反复背诵却失败的情况下,学生会用哭闹的方式来发泄情绪,这时候教师或者家长会严厉地对待学生,久而久之学生就会产生强烈的厌学情绪。

(二)汉字教学过程缺乏创新理念

小学语文教学中对学生掌握的汉字数量要求较多,学生学习汉字的过程中容易出现张冠李戴、缺笔少划的现象;还有汉字组词的时候,教师为了让学生更明确知晓汉字意义就会要求学生自己组成多个词组,但有些汉字能够组成的词组有限,学生掌握的语文知识也无法让他们组出更多词组,此刻就会套用其他汉字的组词模式,比如"菇"字组词,除了组成

"蘑菇"以外,有些学生会将其再组成"菇胜"。尽管学生拥有这样的思维想法是一个新奇的体验,但也明显反映出教师课堂上对汉字的教学不够深入,尤其是单个汉字的意义。教师可以从日常生活入手,让学生回忆吃过见过的蘑菇类的食物,并顺势引出"野外蘑菇不能随意采摘""一些长相艳丽的蘑菇很有可能是有毒的"这些科普常识。教师在课堂上就可以利用简短的课外知识拓展来吸引学生的注意力,给予学生一点课堂放松时间,让他们不至于精神倦怠而影响课堂学习效率。

(三)教师忽视了语文教学的特点

语文作为教导学生学会与运用语言的工具学科,对人文素养的培养是语文教育中的一大特点。有些教师忽视了语言教学的规律,没有针对学生自身的身心发展规律和知识储备量去设计课堂教学,比如作文写作教学中,学生没有丰富的知识去遣词造句,往往作文写作随意使用词语进行拼凑以应付教师下达的超量作文任务,这样的学习状态也会让家长焦虑于学生的作文写作然后为学生报名各种作文写作培训班,造成学校教育资源的浪费。

(四)科技发展带来的碎片化阅读后果

由于我国科技的高速发展使得电子产品在家庭中普及,现在的小学生可以说从出生开始就生活在互联网环境下,导致对网络产生依赖的人群年纪越来越小。不少小学生沉迷于网络上的虚构小说中,享受不需要仔细思考的快速阅读所带来的愉悦感,在他们面对语文教学中的阅读时,就很容易缺乏相应的耐心去思考阅读文本的含义,再加上小学生语文知识积累不丰富,基础能力也不能支撑他们去理解阅读文本里的情感内涵;还有些学生看到大篇幅的文字就产生畏惧心理,根本无法静心阅读文本内容,连文章大意都没看明白就开始做题,学生不去深度思考文本想表达的感情特征,从浅处看是无法提高语文考试的分数,从深处看是助长了一些学生心中将情感单一化甚至不愿去体会情感的消极思想。

三、"双减"政策下创新小学语文教学的有效策略思考

(一)及时更新语文教师的教学观念

"双减"政策要求教师回归课堂,将学生需要掌握的基础语文知识浓缩进每一堂课中,而不是图轻松把学生需要在课堂上明确把握的基础知识压缩进家庭作业中,让学生在校外单独付出时间与精力去学习早就应该掌握的知识。互联网时代促使现代社会信息大爆炸,传统的语文教学模式已经不能满足社会对人才素质的需求,教师自身要及时转变教学观念,把创新式教学理念和方式融入每一个语文教学课堂环节中。语文教师应该仔细钻研教材课本去寻找更适合班级学生的教学方法,把自身的角色转变为课堂的引导者,去引导学生主动接纳语文知识,从心底深处产生积极的接受情绪,在教学过程中教师应该为学生创建更丰富的实践环境,逐层逐次地为学生剖析知识重难点,并指导学生向着理论和实践结合的方向前进,从而实现语文课堂效率的有效提升。

这对语文教师提出了较高的要求,教师需要重视多方面资源的整合与利用,不能将自己视作宣读课本知识的机器,而应该把自己立于语文教学资源的整理师与建设师的地位。例如文言文、诗歌类课文的教学过程中,教师可以搜寻相关课文的作品背景或作者背景,再利用动画、音频等容易被小学生理解的形式去播放出来。最佳的教学方式是建立一个合适的语文教学情境,可以让小学生将自己带入到课文主角或是某个旁观者的身上,去切身体会文本所想要表达的内涵与情感,即使是暂时不能理解,教师也可以布置课外的观看与查找相关资料的作业,既适应了"双减"政策对学生作业负担的减负要求,又能拓展了学生的语文知识积累,还能让学生在翻阅资料的过程中深入把握文言作品或诗歌里复杂的情感与审美表达。

(二)语文教师应当加深与学生之间的互动交流

情感体验是语文教学中的一个重要环节,教师和学生之间的互动交流不仅是加深师生之间的情感互动,也是教师在教学过程中让学生主动接受情感体验的方式,只有教师在前方引领而学生没有任何跟随的想法

同样是无法提升语文教学效率的。创新的课堂教学对师生之间加强互动交流提出了较高的要求,通过频繁的交流让语文教师对学生输出自己的经历和知识、学生对教师展现自己的性格特征、学习思想和角度,教师可以为学生带来丰富而精彩的语文教学课堂,学生的一些独特的想法也能对教师给予一定的灵感和启示,从而以全新的思考角度来更好地开展语文教学。在充沛的知识与情感交流时,学生展示出不同的想法也有助于创新思维能力的提升,在思想碰撞的火花中创新出新思想,教师需要做的就是成为一个倾听者,对积极的思维加以鼓励和肯定;对偏激、消极的思维及时引导其向着正确的方向迸发。在深入交流的过程中,学生就会逐渐转变内心对教师的畏惧态度,从而更加信任教师,更积极主动地对教师表达情感与想法,维护融洽的语文教学环境。

即使短暂的交流并不能为学生带来语文基础知识的增长,但交流能释放学生的个性表达,推动学生激发内心的活跃因子去创新、去想象,这对于语文学习的情感体验是非常有效的,面对语文中的阅读文本可以更容易展开思维去理解、去思考并分析作者内心的情感表达。

(三)结合生活实际设计更合理的教学环节

与其他学科不同的是,语文学科教学环节中离不开生活实际,只有结合生活实际去创新教学方式才能让学生更好地领悟语文知识。例如学习"我们与环境"口语交际时,教师可以引导学生寻找周边真实环境进行描述,再观察并描述出一些人们的错误行为造成的环境污染和破坏。用真实的生活场景构建教学情境可以有效提升活动质量,当学生切实体会到周边优美的生态环境正在遭受垃圾污染与人为破坏后,教师就可以趁机引入保护环境的思想意识,还可以在保证安全的情况下带领学生参与保护环境的公益活动,把课本上的文字主题转化成学生的实践活动,贯彻落实书本理论知识与实践相结合的教学模式,并且真实情境的建设有利于学生养成良好的保护环境意识,会更主动去维护而非习以为常的无视。

除了实践环节,语文教师还可以对学生提出需要思考探索的问题,鼓励学生积极发言回答问题,不论答案是否正确,教师都要以积极的态度去鼓励学生大胆发言。随着时间的推移,学生能够在教师提出的层层深入的问题中逐渐活跃思维,甚至能够主动提出疑问并尝试解答,进而培养出良好的学习习惯。例如在学习《富饶的西沙群岛》这篇课文时,教师可以询问为什么不用"美丽"二字作为课文题目,并随着课程的深入引导学生探究题目设置原因,然后思考西沙群岛"一半是水,一半是鱼"的原因,这时很多学生可能就会疑惑西沙群岛的地理位置,想象什么样的环境能构成这样的美丽景象,从而让学生深刻理解课本主旨内容想要表达的情感。

(四)"双减"后强化学生的作业管理工作

"双减"政策使得小学生的作业任务量降低了很多,但同时也让很多学生面对作业产生懈怠心理,抱着回家不用写作业的想法故意拖欠课堂作业等。"双减"政策在学生心中就意味着没有家庭作业,即使教师布置了作业也以"双减"为由可以不用完成,特别是家庭作业的大量减少让学生误以为作业开始变得不重要了,作业的整体质量相较于以往变得更敷衍了。这样的情况下教师很难加以合理管束,尤其是部分属于学困生行列的学生,在语文学习上不使用作业进行督促和引导只会更加不重视语文学科的重要性。因此教师在"双减"政策下不仅要转变原有的课业安排方法,还要注重对学生实践作业的布置,把大量的书本、卷面作业转化为实践教育,引导学生主动参与到语文教学与现实生活的实践互动里去。比如进行《记一次体育比赛》的作文教学指导时,教师可以结合近期召开的奥运会赛事来引导学生写作,为学生布置的作业就设置为选取一场自己最感兴趣的赛事仔细观看,着重强调学生细心观察运动员、裁判、教练或是观众在场上的举动、语言及赛场环境等,并在第二天的教学活动中带领学生一起写作关于体育赛事的文章,选取学生对奥运会印象最深刻的片段进行场面描写,鼓励学生利用正侧面等多种描写手法去修饰自己的作文内容。奥运赛事高燃的场面激动人心,各位运动健儿为国争光的表现足以打动学生内心的爱国精神,语文教师以这样实践性的作业去触动学生对语文学习的热情,让学生用最真挚的情感抒发对运动员的赞扬,从而实现作文教学的情感和写法把握,从深层次来讲也是激发学生内心对祖国的热爱感情。

"双减"政策使得大量学生重归学校教学的课堂上来,学校教学要如何才能更好地实现新时代教育改革,是需要更加深入地思考与探索的。"双减"政策促使学校教育要努力提升自己的教学质量才能培养出优秀人才,对于小学语文教学来说,教师需要不断地研究并学习新的教学理念和方式,从而创新出更适合学生的语文教学模式,帮助学生提升语文思维能力,从而拥有更好地认识和理解世界的实践与思维方式。

第二节　基于"双减"背景的小学语文教学策略优化

一、"双减"政策下小学语文教学面临的挑战

语文学科在小学生认知发展领域扮演着重要角色,发挥着重要作用,而"双减"政策的推行与实施,使得学生课外学习、课外辅导的负担被进一步缩减,但同时也对教师的课内教学提出了更高标准与要求。这使得小学语文教学在践行"双减"政策的过程中,必然会面临着全新的挑战,需应对诸多问题,而加强对这些挑战与困境的深度剖析,则成为确保"双减"目标得以达成的关键所在[①]。

(一)课外作业大量减少,学习实效如何保证

作业是帮助学生巩固、内化课内所学知识的有效途径,其虽然挤占了学生课外活动、实践、体验的大量时间,却对学生认知基础的夯实有着重要作用。而"双减"政策的推行,对课外作业提出了更高标准和更多要求。面对课外作业的大幅减少,教师必须积极探求如何通过高效教学来弥补作业数量减少所带来的诸多影响。因而,在对作业的定位、设计、要求上,教师应以"双减"要求为统领,对其分层分类设置,灵活高效管控,尽量减少大量机械式、重复性作业,使学生的课外休息、娱乐等时间得到

---

①段彩云.浅析新课程理念下的小学语文教学策略[J].天天爱科学(教育前沿),2022(5):17-18.

最大限度地保证，促进其身心健康。而只有以作业的高效设计、深度落实为铺垫，"双减"的目标方可达成，学习的实效也才能得到切实保证。

(二)教学定位日渐转型，教育公平如何实现

新课改的深度推进，既为"双减"政策的落实铺设了道路，又对新时代小学语文教学提出了全新目标。然而，受诸多因素制约，加之不同学生的认知基础、实际情况参差不齐，以致有关教育公平的探索也成为"双减"政策下小学语文教学领域必须切实关注的核心议题。尤其是面对城乡学校之间的差异，教师更应以吸纳、借鉴、利用更为成熟、科学的成功经验与方法为辅助，对小学语文课堂教学的目标予以明确，使每一项教学任务的设计、每一个教学活动的开展，都能面向全体学生，促进学生全面发展。教师应通过对语文教学定位的转变，丰富学生的内在积淀，提升学生的人文涵养。

(三)教学资源更加丰富，学生需要如何满足

由于语文教学涉及的领域比较宽泛，且对学生认知发展有着重要影响，因而其人文教育、情感驱动、思想教育、思维激活、理解强化等功能的发挥，必然离不开丰富、多元的教育资源引领。针对不同学生在认知领域所存在的诸多差异，教师应在教育资源的优化配备上寻求突破。通过对多媒体、互联网、新媒体等认知工具的借助，将其迁移至小学语文课堂，使学生语文学习的方式趋于多元化、个性化，以此来实现学生认知需要的满足。另外，对所选用的各类资源，必须深度考量其实用性、必要性，将其与具体教学项目深度衔接起来，丰富学生的认知体验，调动学生的内在诉求，为"双减"政策落地生根、开花结果提供保证。

二、"双减"政策下小学语文教学策略的落实导向

国家"双减"政策的落实与推行，既是对当前整个社会教育现状的充分兼顾，更是着眼于对学生长远发展的全面考虑。对"双减"政策内涵的深度解析，可为新时代的小学语文教学指明方向，利于"双减"政策的深度践行与全面落实。

（一）学校层面，必须着力于完善的评价体系的构建

学校应根据"双减"政策要求，切实探寻减轻教师课业负担、减轻学生课外学习负担。减轻家长校外培训负担的有效途径。通过对教育教学评价体系的进一步完善以及深层次构建，使教育评价的指标区域多元化、丰富化，以真正达到减负增效的目的。同时，学校应将评价的侧重点倾斜至课堂教学的效能与质量评估上，使课堂的育人主阵地作用得以切实发挥，调动学生语文学习的兴趣，开掘其认知潜能，确保学生的德智体美劳全面发展。

（二）课堂层面，必须着力于多元教学模式的构建

针对影响课堂教学效率提升的诸多因素，教师应加强研究与分析，将彻底变革传统教学模式作为落实"双减"政策的着力点，使学生能够全身心融入课堂教学中，帮助学生在多元化、丰富性、高质量的教学模式的驱使下，积极投身于课堂教学的方方面面、各个领域，与教师、同学互动，逐步夯实其认知基础。而课堂教学效能的提升，必然对学生的自信力、求知欲激发有着重要影响，"双减"政策的落实自然更加充分。而且，以多元化教学模式构建为导向的课堂教学实施，势必对"双减"政策的践行有着重要意义与积极影响。

（三）作业层面，必须着力于高质量作业的设计

为切实减轻学生的课外学习负担，使作业的设计更具多样性，更好地服务于学生的认知发展，落实"双减"政策要求，践行"双减"思想内涵，教师应着力于对课外高效化、高质量作业的设计。作业的设计应充分兼顾不同学生的认知发展需要，减少一些重复性、机械性作业，将作业量控制在有效时间范围内。甚至在必要的情况下，可以不布置书面作业，多布置一些实践、体验、应用类作业，来减轻学生作业负担，促进学生全面发展。使作业的构建导向，更加贴近小学生的年龄特性、心理特点，达成减负增效的育人目标。

三、"双减"政策下的小学语文教学实施策略

通过对"双减"政策下小学语文教学所面临的挑战以及其定位导向分

析可以发现,只有着力于教学实施策略的优化与变革、创新与重构,确保其高效化、深入化、多元化、丰富化落实,方可为“双减”政策落实提供坚实保证。小学语文教与学的开展,有助于学生的认知能力释放,切实减轻学生的课业负担和学习压力。

（一）丰富课程形式,调动学生语文学习兴趣,践行“双减”要求

“双减”政策的实施,使得学生的作业负担、课业压力得到了一定程度的减少,但也在无形之中对课堂教学的效能与质量提出了更高要求。而课程是教学开展的必要载体,其形式、内涵的丰富性、多样性势必会直接影响学生的课堂积极性与参与度,也直接制约着教学策略的优化。因此,教师应以“双减”要求为铺垫,做好对课程的重构,将更具特色、魅力、韵味的课程资源迁移至小学语文课堂,借此来引领学生开展探索、实践、体验,以促进其多元化学习的开展。同时,可根据预设教学目标以及学生认知现状,在课程中融入诸如文化鉴赏、诗歌朗诵、戏剧表演、影视达人、语文沙龙等校本特色课程项目。通过对校本课程的开发,引领学生借助多样途径开展语文学习,进一步提升课堂教学的丰富性、实效性。

（二）开发多元资源,拓宽语文课堂教学路径,贯彻“双减”思想

为切实提升小学语文课堂教学的针对性与实效性,使教学策略的实施更加科学高效,教师在落实“双减”政策时,应以灵活、充分开发多元教育资源为铺垫。通过对“互联网+”技术、工具的利用,以及对生活素材的借助,拓宽学生的认知渠道,丰富学生的认知体验,并将其全面迁移至课堂教学的各个环节、各个领域,使语文听、说、读、写教学的开展,彰显出无限生机与活力,为促使学生学习方法、手段、途径的转变提供助力。而且,在诸多教学资源的驱使下,学生的课堂主体地位必然会得到进一步凸显,更利于其突破时间与空间的局限,以多元视觉开展语文学习,拓宽认知视域。同时,面对各类线上与线下教学途径的驱动,学生利用所学的语文知识开展阅读、交际、互动、分享的方式必然更加多样,其课外学习的开展也可通过对教学微课、课堂实录的利用而得到进一步落实,必然更利于其知识适用能力的强化。小学语文教学策略实施的效能也势

必会得到充分保证,学生语文核心素养的塑造自然会得到全方位达成。例如,在《拉萨的天空》这篇课文的教学中,教师可针对课文中对"拉萨的天空"的描述,将其用多媒体呈现出来,帮助学生深入理解诸关键词汇的妙用,让学生在图画、视频、音乐的刺激下,加深对作者寄托于文本之中的深厚情感的理解,促进对学生核心素养的培养,贯彻"双减"思想。此外,教师还可根据某一阶段的教学需要,组织学生利用查询网络资源、观摩在线视频等方式,拓宽其认知视域,使语文教学的开展更加丰富多样,从而有利于对"双减"政策的彻底贯彻。

(三)优化商人生态,促进学生自主意识提升,落实"双减"理念

正处于认知奠基期、塑造期、启蒙期的小学生,更希望在和谐、愉悦、宽松的认知生态内开展自主学习。而对于学生自主学习意识的培养,则成为"双减"政策下小学语文有效性教学策略实施的必然倾向。因此,教师应以切实优化商人生态为统领,深入研究新课标,设计教学活动,优化教学模式。教师可对合作交流、情境创设、任务驱动、自主实践等教学方式加以借鉴,使其灵活地呈现学生语文学习的各个方面,以通过教法的创新,来带动学法的变革。同时,可结合不同学生的认知差异、发展需要,利用分层教学等手段,对不同类别的学生设定不同的教学要求与目标,引领学生在个性化认知体验中领悟语文之特色与魅力。此外,教师还可通过对综合性、关联性、实践性语文教学活动的开展,使学生在自主探究中开展语文学习,并应用课堂所学参与角色扮演、情境交际等活动,从而激活学生的认知内驱力。而对于不同学生在课堂学习中的参与情况、实际表现等,可采用多元化评价,对其进行鼓励,以全面增强学生语文学习的信心,增强教学策略的实效性,切实落实"双减"理念。例如,在《十六年前的回忆》这篇课文的教学中,可以小组合作的方式,对学生均衡、科学、合理分组,并引入合作任务;请自行画出课文中有关描述"李大钊伟大的爱国主义精神和面对敌人宁死不屈的抗争精神"的语句,然后合作讨论其所寄托的情感,分享自己的认识与感受。使学生在课堂内畅所欲言,主动交流,合作分享,于潜移默化中引领学生的认知发展,以确保"双减"政策理念的全面落实。

总之,"双减"政策的出台,使得新时代的小学语文教学面临着巨大考验与诸多挑战。而以有效教学策略实施为导向,来设计教学活动,构建教学模式,延伸课堂路径,落实教学指导,开发教学资源,则成为确保"双减"思想、理念、要求得以充分落实的关键所在。结合现阶段小学语文教学中所存在的诸多不足与弊端,教师应以"双减"要求为出发点,探寻对策,寻求变革,为学生认知发展奠定基础,通过对"双减"内涵的深度诠释,引领学生在实践、体验、感知。探究中认识语文之作用,感知语文之魅力,获得素养之塑造。使学生在"双减"政策的驱使与引领下,积极学习语文知识的各个领域,并将课内所学逐步迁移至课外应用中,增强学生语文学习的信心,确保课堂教学实效,逐步达到践行"双减"政策的要求。促进学生全面发展,构建高效课堂,减轻学生负担。

第四章 基于"双减"背景的小学语文多视角教学策略研究

第一节 基于"双减"背景的小学语文高效课堂教学策略

构建高效语文课堂,要以学生能力发展为轴心,围绕语文课堂的内容选择、组织形式、师生关系、资源运用等几项要素进行展开,谋划促进学生的综合发展。一方面要落实"减"的要求,精简课堂讲授的任务和内容,简化和优化教学流程,减少静态的知识呈现方式,减少任务式的作业;另一方面要增强教师课堂的主导力,提升课堂教学的趣味性,增加知识和能力生成过程的演示、演变和演化分量,努力提升学生的主体创造力,提高作业的增值效益。

一、"双减"政策下构建小学语文高效课堂的思考

（一）转变教学观念,增加语文学习趣味性

笔者以为语文教学最大的特点是以不确定的内容构建确定的语文素养体系。这种内容上的不确定性决定了语文课堂教学的组织形式、课堂流程、互动方式等都需要根据教学内容、学生特点和教师个人意趣进行灵活选择。

1. 活化语文教学形式

活用语文教学模式,活用优秀的教学方法,使学生接触语文作品的方式更加多样化,引导学生深度探究语文作品中蕴含的文化,增强学生对祖国语言文字的理解力和运用水平。由此,教师可以在教学中多研究各种语文教学模式和教学方法,并将这些模式方法与不同年龄的学生和不同气质的文本相对应。如小学低年级学生适合思维导图、游戏、语文话

剧等教学方式,让语文教学变得更加充满生活气息、儿童气息、活动气息、成长气息,让学生全面沉浸于语文知识和语文活动的海洋里;对于中、高年级的学生,教师则应该鼓励学生去积极参与文学主题讨论会(如三国中最喜欢的人物、对猴王出世的感受等),引导学生结合自己所学的知识展开想象和思考,在想象、比较、分析和归纳中提升语文素养[1]。

同样,对于不同气质的文本,教师也可以有针对性地采用不同的教学方式。比如讲授行文思路具有典型性的记叙文,教师可以设计典型性的预习问题(如《刷子李》的故事,设计有关的教学问题:刷子李的人物形象、什么地方能表现刷子李的刷墙技术高超等),这样便能使学生以更加主动的姿态和更为前瞻的视角参与到语文学习活动中。

2.增加课堂内容的趣味性

在实际的教学课堂中,教师可以结合传统文化进行教学,通过传统文化的趣味性来吸引学生的注意力,丰富教学形式,加强学生文化素养的培养,有效地引导学生进行语文知识的学习,使学生更好地探究语文知识。文化为语文"赋能",语文为文化"赋形",通过语文生动的画面感和灵动传神的语言,让语文与文化相得益彰,让画面和生活与语文相映成趣。

如开展《西江月·夜行黄沙道中》《六月二十七日望湖楼醉书》《宿建德江》诗词的教学时,教师就可以合理地设计这3首诗词的教学,先通过朗读的方式来引导学生去感受诗歌的韵律,像"稻花香里说丰年,听取蛙声一片""黑云翻墨未遮山,白雨跳珠乱入船",然后引导学生先根据自己的想法来解读诗歌。接着,教师还可以结合学生的情况来讲解诗歌的定义,通过与学生自己的想法加以结合,从而加强对诗歌的理解。最后,教师再提出:比较这3首诗词的不同,从诗歌的寓意、写诗的手法、景物的运用等,让学生去学习写诗的技巧以及方法,促进学生对诗词的理解。

---

①汪赛. 小学二年级语文高效课堂教学策略的研究[D]. 锦州:渤海大学,2014:26-29.

(二)基于提升学生学习能力来组织教学

提升学生的学习能力。第一,语文想象能力。小学生最富有想象力,但优秀的想象能力需要在语文课堂和语文教学中通过有意识地引导予以培养。《鸟的天堂》《火烧云》是画面感很强的描写性散文,教师不妨在文字的引导下带着学生勾连生活的记忆,激活脑海中的画面和声音,让学生绘声绘色地将脑海中美丽的自然景观呈现出来,从而让学生领略到语文想象的神奇和美好。第二,思辨能力。在《圆明园的毁灭》一课中,教师可以提供历史资料和相关评论文章,引导学生走进历史,了解圆明园毁灭的经过,并让学生展开讨论。第三,共情的能力。通过不同的文章,分析其中不同的情感,是一种感受,也是一种能力。教授《十里长街送总理》时,教师可以通过声情并茂的朗读以及对诗歌字里行间总理形象的理解,向学生传达文章中对于总理的崇高和敬意,这既是一种情感的表达,更是一种情感能力的传授。第四,还有交往协调能力。为此,教师要根据不同学生的学习状况和性格特点将学生分为不同的学习小组。在分组过程中,教师尽可能保证每组成员的能力、个性等处于平衡状态,让小组成员互相帮助完成合作学习和预习任务。

教师引导学生通过教育云平台来学习语文知识,根据软件的学习记录来调整当下教学进度,让教学更加符合学生的实际情况,全面促进学生的进步。同时,教师还应鼓励学生在平台上去学习文学作品,如《骆驼祥子》《边城》《伊索寓言》等,使学生在线上学习语文知识,引导学生探究这些语文作品的历史以及文化,使学生的学习能力和文化素养得到培养,全面促进学生对语文知识的学习,提高当下语文教学的质量。

(三)用探究性学习强化学生主体意识

探究性学习的重要性在于引导学生通过交流,表达对问题的看法,分析问题、解决问题。为此,在课堂中:第一,应牢固树立"以学生发展为本"的教育观念,让学生增强自信,变配角为主角,激发学生内心的学习欲望。如让学生自己讲解某些已考过的试卷,尝试讲解过程,让他们在自主学习的过程中展现自我、发现自我、实现自我,达到激励学生主动探索、求新求异的目的。第二,要克服学生的依赖性和惰性,教师要以"学长"的姿态起到"先学"的示范作用,在教师示范的引领下,让学生自己大胆地去思考、总结归纳、表达。这样既能消除学生的畏难情绪和依赖心理,又能搭建成长平台、拓展思维空间,培养思维品质。

以《举办演讲比赛》教学为例,教师可以设计3个演讲的题目,即"直面失败""与人为善""竞争与合作",然后布置课后作业,写作并整理演讲稿上交。在课堂上,教师组织演讲比赛,并结合评价方法对学生进行评分。按抽签顺序进行演讲,以10分为满分,大于等于9分为优秀作业,7分到9分为中等作业,6分为合格,不足6分要接受一定的"惩罚"。为了完成这样的演讲活动,学生需要在课下收集更多的素材。通过这种探究性的作业设计,培养学生创新能力。

(四)丰富作业完成方式,巩固课堂学习成果

作业是语文课堂的一种总结和回顾,是学生学习结果以及知识掌握程度的具体表现。因此,在"双减"背景下,教师应探究传统语文作业中的不足,丰富语文作业完成的方式,以探究、开发、思考为主,促使学生在完成作业时完成对语文知识的思考,达到深入研究语文知识的目的。

1.构建"大作业"观,将作业布置放在学生的自主学习上

笔者认为可以引领学生养成写日记的习惯,鼓励学生捕捉生活中的各种美好,把自己最真实的想法表达出来,哪怕只是几句话。写日记能培养学生的观察能力、思维能力、敏感意识、解决问题的能力。长期坚持下来,他们会有更多的收获和经验。

比如:布置"描写父亲"作文作业时,教师就可以在教学中让学生去观察父亲在日常生活中的形象品格、行为动作、神态等,让学生先去了解自己的父亲,然后再让学生用合适的词语来描绘自己的父亲,使学生在课堂中进行学习,将传统任务式教学转变为探索式教学,从而使学生的探究、观察、表达等能力得到培养,全面促进学生的发展。

2.丰富作业形式,重归语文听说读写的语言综合运用本质

听与说:语文课本中的口语交际内容就是很好的检验环节,检验学生是否会听,听的是否准确,能否抓住别人说话的中心,能否理解所听到内容的实质。学会抓住别人发言的要点,考虑哪些跟自己想法相同,哪些

内容是自己不知道或想不到的。说的关键在于是否说得清楚、说得完整、说得具体。学生逐步掌握准确、鲜明、生动的口语表达特点，能做到用词准确、词达意明、语言通顺、层次分明、修辞得当、逻辑性强。

读：阅读是学生最好的自学方式，也是自我修养提升的最佳途径。有这样一句话：一个人的气质里，藏着他读过的文字，一个养成了良好阅读习惯的学生，未来定有很大发展潜力。亲子阅读和自主阅读一直都是笔者班级的特色作业，除了课本的朗读和默读之外，每天30分钟的亲子阅读或自主阅读必不可少。学生只有通过阅读才能理解文章中的词句、段、篇和修辞结构；也唯有通过阅读才能逐步提高学生分析段落层次、理解中心思想、掌握文章脉络的逻辑思维能力。

写：每周一次的作文训练和每周三次的日记，也是笔者班级的特色课堂作业，平时训练学生主要围绕一个话题写完整、写具体，内容不一定要很多。这是一个概括化的过程，学生从"说"到"写"，从"读"到"写"（仿写）两个过渡，都要通过书面语言有条理、生动地表达事物的内在联系，同时这也是一个长期训练的过程。

总之，"双减"政策对于优化语文教学，构建高效的语文课堂是一项不可懈怠的要求，也是一次难得的改革和实践机遇。我们有责任优化语文教学目标，做最清醒的指导者；优化课堂教学资源，做最优秀的内容提供者；优化教学流程，做最聪明的课程设计者；优化作业设计，做最科学的行动指导者。

二、"双减"政策下小学语文高效课堂建构的策略

随着小学语文课堂教学方式的不断优化，许多实用有效的教学方法，在课堂教学中得到了灵活运用。"双减"政策的落地实施，给包括小学语文在内的各学科提出了许多新的要求，小学语文教学要让学生从繁重的课业负担和参加名目繁多的培训机构所带来的过重的学习压力中解放出来，并且要在减负增效中进一步提高课堂教学质量，使学生语文学科的能力得到实实在在的提高。因此，教师要进一步转变教学观念，改进教学方法，使学生在轻松愉快中有效学习。高效课堂的建构，要转变教师讲、学生听的低效教学模式，在进一步优化教学方法和课堂结构的同

时,调动学生的学习兴趣和积极性,使语文课堂教学充满生机和活力。本文在"双减"政策理论分析的基础上,通过分析现有小学语文课堂教学存在的弊端,在继承传统教学有效方法的前提下,提出构建高效小学语文课堂,提高语文学科教学质量的方法和措施。

(一)"双减"政策理论概述

1."双减"政策实施的背景

随着《关于进一步减轻义务教育阶段学生作业负担和校外培训负担意见》落地实施,义务教育阶段学科教学面临许多挑战和机遇,各学科教学要在有效减轻学生作业负担和减少学科类校外培训机构的同时,进一步增强学生的学习兴趣,提高学科的教学质量,减负增效,既要把学生的学习负担减下来,又要把学习质量加上去,在一减一加中,如何做好义务教育阶段的加法和减法,这是各学科如今面临的亟待解决的问题。为了能在"双减"政策下有效提高学科教学,有必要对"双减"政策加以理论研究和分析,使各学科教学改革有依据,有目的。其实,"双减"政策的实施并不是平地惊雷,而是有其长久的背景原因。长期以来,在传统教育理念的推动下,有的家长和教师在学龄前就给孩子灌输中考和高考的重要性,并且以频繁的考试来督促学生长时间地无效学习,有的家长为了不让孩子输在人生的起跑线上,不惜让孩子花费大量的时间和精力参加各种校外学科培训机构,致使升学的压力大幅提前,幼儿阶段也不顾幼儿身心健康,布置大量的学科作业,家庭也因报名大量课外培训机构而承担额外的经济压力。许多家长和教师明明知道这种功利性的教育方式是不对的,但又无可奈何,不得不随波逐流。许多教育培训机构违背教学规律和学生身心健康发展的规律,忽视人的发展,把考试分数作为教育的唯一追求的目标,既增加了学生的学业负担,也扰乱了正常的学校教学秩序。要解决这些问题,迫切需要深化教育改革,有效减轻学生的作业负担和压减校外培训机构。

2."双减"政策对学科教学的要求

学生考一个高分数是必要的,但分数不是学科教学追求的唯一目的,除了考试分数外,学科教学还要尊重小学生身心健康成长的规律和全面发展的必要性,因此"双减"政策下,教师要在不加班加点、不给学生布置海量作业,不进行重复性无效考试的前提下,通过优化课堂教学方法,进一步提高教学的能力,让学生在课堂上能够掌握更多的知识。

"双减"政策还对考试进行了明确要求。义务教育阶段的考试要从评价功能向诊断功能转变。考试的评价功能主要体现在对教师教学质量和学生学习效果的考察和评价上,这种功利性的考试要在"双减"政策下严格控制考试的次数。诊断考试要体现在学情反馈上,为了了解学生对教学内容的理解和掌握的情况,教师通过诊断考试的测试,在对试卷的分析和研判的基础上,全方位掌握学生的学习情况,以便对教学方法加以调整。在"双减"政策下,小学语文教学方式的转变也要充分研究考试方式和考试次数的设计,不要使频繁而又无效的考试影响正常的教学活动。

"双减"政策对学科作业布置的质和量也有新的要求。就小学语文学科而言,作业布置要充分考虑教学内容和学生个性化的学习需求,设计适量的个性化的作业,使作业的内容满足学生个性化的练习需求,也使每个学生通过适量的作业练习,达到既能巩固知识和技能,培养学生的学习兴趣和自信心,又能增强解决实际问题的能力。在"双减"政策下,小学语文教学方式的转变,适量而又科学的作业设计是高效课堂建构的重要方面。

传统的语文教学偏重知识的传授,这种教学理念,学生虽然学到了语文基础知识和基本技能,但学生学科核心素养并没有形成。在"双减"政策下,课堂教学方式的转变要实现教学性的教学向教育性的教学的转换,学科教学要回归通过知识教育达到育人的本源,也就是立德树人的教育目标,把教师和学生从考试分数的桎梏中解放出来,通过教学方式的有效转变,建构高效教学课堂,使小学语文教学质量在减轻学生作业负担的同时得到有效提升。

教师和学生的课堂交流是完成教学任务,达到教学目标的重要途径。但教师和学生之间的交流范围仅限于教学范围,教师和学生交流时,只关注学生的学习状况,而对学生学习之外的喜怒哀乐从来不闻不问,在双方交流的过程中,教师只注重单向的灌输和教导,忽视对学生心声的倾听,达不到彼此的情感沟通的效果。"双减"政策下,教师和学生的交流是多角度、多层面双向的交流。师生平等的合作与交流,是课堂教学方式需要转变的方面,融洽的师生关系也是建构高效课堂的重要内容。

(二)小学语文课堂教学存在的问题分析

小学语文是小学课程组成的主要学科之一,但小学语文课堂教学仍然受传统教育的影响,教师过于注重语文学科知识的讲解,忽视对学生语文学科能力的培养,通过加大学生的作业量来增加对语文知识的理解,使小学生承受超量的作业负担,学生也因此失去对语文学科的学习兴趣。长期过量负重学习,也使学生的心理承受无形的压力,给学生健康的生活和学习带来阴影。"双减"政策的实施,在有效减轻学生作业负担的同时,要增加学生的学习效率,如何做好"双减"政策下义务教育阶段学科教学的加法和减法? 笔者认为在"双减"政策下,小学语文高效课堂的建构策略的制定必须具有明确的目的性,现就小学语文课堂教学存在的问题分析如下。

1.教师是课堂教学的主体

教学是学生和教师、学生和学生之间通过教材建立起来的多种交流互动过程。在小学语文课堂教学过程中,教师仍然是课堂的主体,课堂上讲什么内容,采取何种教学方法,都是由教师课前已经预设好了的。特别是小学高年级阶段,学生的思维能力已经得到了一定的培养,对课文的段落的意义已经有了概括的能力,而教师总是按照教案和段意的标准答案,把现成的答案告诉学生,让学生死背硬记。这种填鸭式的教学方法,不但抑制了学生的思维能力,使学生容易养成遇到问题惯于等老师给出答案,而不积极主动探索解决问题的方法,而且还从根本上否定了学生的学习主体性作用,使学生成了知识的容器和复制者。例如,在《少年闰土》的教学设计中,由于学生经过5年的语文学科学习,已经积累了相当的语文学科知识,具备了小组讨论和合作学习的能力,也能在交流学习中提出自己的观点,作出自己对事理的判断,对语文的主题思想也能通过对课文语句意义的把握比较准确地理解。但许多教师总是做不到把课堂交给学生,在进行教案设计的教学环节,从作者介绍、课文逐段朗读讲解,到段意的分析和课文主题思想的总结等一系列的教学环节中,都是教师把结果交给学生,使得上课变成了教师一个人的活动,学生也按照教师的设计亦步亦趋。至于引导学生通过自主阅读关于闰土外貌和行为的语段,分析闰土人物性格特征的教学方法,则很少运用。这种长期灌输式的教学,忽视了对学生创造性思维能力的培养,也使学生失去语文学科的学习兴趣,这对正处于语文学习起步阶段的小学生而言,无疑是极为不利的,对今后语文学科综合能力的培养设置了很多障碍。所以,小学语文教师要积极转变思想,改进教学方法,在进一步减轻学生学业负担的基础上,构建高效的课堂教学,使小学生从小养成学习语文的良好习惯。

2.传统教育模式是课堂教学的主要方法

由于考试排名和升学考试分数要求,小学生就承受着来自传统教育的压力。尽管随着课程改革的发展,小学语文的教学内容也不断丰富起来,但学生并没有因教学内容的丰富多彩而享受快乐高效的学习过程。语文学科具有工具性和人文性的双重性,两者是相辅相成的,但在课堂教学过程中,教师往往注重语文的工具性,而忽略语文的人文性。语文学科又是基础教育的主要学科,也是学习其他学科的基础学科,正因为如此,语文学科教学在其工具性方面肯下功夫,但仍然是高耗能、低效益,学生承受着过重的学习负担。就小学低年级的汉字识记造句等内容的教学而言,教师在教学过程中,为了突出识字和造句的教学目标,在汉字识记上设计了许多教学方法,却忽略了识字课文还有启发学生思维,培养情感和价值观的教学目标。如人教版一年级下册识字课文《柳树醒了》,教师为了能让学生掌握本课的生字"醒""雷"等的书写,课后布置每个生字反复书写10遍或更多遍的作业,忽视了指导学生通过朗读课感悟春天,认识春天的教学设计,使学生脱离课文环境机械的识记生字,仅仅依靠低效的重复性的书写识记生字,容易让学生失去学习兴趣。所以,小学语文教师必须走出功利性的教学理念,根据语文学科特点,在减轻学生课业负担的情况下,重视语文学科的工具性和人文性,改进教学方法,把语文学科的工具性和人文性有机统一起来,使学生在语文基础知识和基本技能形成的过程中,语文学科的核心素养得到有效的培养。

3.教学方法缺少创新

教学方法是实现教学目标的主要途径,也是沟通教师和学生合作与交流互动的桥梁。有效的教学方法,能促进教学任务的完成和教学目标的达成。小学生自我管理能力有限,很容易在课堂上分散精力,从而影响听课的效果,许多教师认为这是小学生的年龄特点,随着年龄的增加,这些问题会自然得到解决。所以,他们在课堂教学过程中,往往忽视了对于教学方法的研究,单纯依靠教师在课堂上讲,学生在课堂上听,课后反复练习来巩固所学知识。有的教师按传统的小学语文教学中由教师领读,学生跟读的方式认识汉字,朗读课文。这种教学方法虽然能加强学生对汉字的识记和对课文的认读,但如果不管教学内容的特点和学生个性化的需求,始终采用这种教学方法,学生会因枯燥而厌烦语文学习。而且课后大量的反复性的作业练习,会使学生在繁重的学习压力下负重学习,既影响学习效果,又使学生身心健康受到伤害。所以,教师要在充分研究教材和学生的前提下,根据实际需要选择适合的教学方法,激发学生的学习兴趣,集中学生的注意力,使学生在轻松的环境中高效学习、健康快乐地生活。

(三)小学语文高效课堂建构的策略

建构高效的小学语文课堂,不仅是新课程背景下的重要的教学目标,也是"双减"政策下小学语文课堂教学所期望达到的课堂教学效果,课堂建构主义的教学理念认为,课堂教学过程不仅是知识的形成过程,更应该是学生主动学习和建构知识的过程,建构高效的小学语文课堂,不仅要按照"双减"政策的要求,采取简便有效的教学方法,而且还要发挥学生的学习的主动性,使教与学有机配合,实行共同进步,促进小学语文学科教学质量的提升。

1.改变观念

任何教学措施的落地实施,都要依靠教师去执行,因此,教师观念的转变是高效课堂建构的前提,教师要充分认识到各种作业负担和校内学科培训机构给学生造成的心理压力,着手研究教法,提高课堂教学质量。

第一,要突破以教师为中心的课堂教学的传统理念,让学生充分参与到课堂教学中,自己只做指导者、组织者和管理者,真正定位教师为主导、学生为主体的教师和学生的关系。第二,改变过于注重知识和技能,轻视对于学生学科能力的培养的教学理念,把学生从反复无效的练习中解放出来,科学设计作业,合理安排学生的作业量,优化课堂教学结构。这样就能使学生在科学合理的作业训练中获得语文学科能力的提升。

2.打破传统教育的束缚

高效的语文课堂建构,需要打破传统教育的束缚,尤其在小学语文低年级汉字识记的教学中,要改变以往生字多遍重复书写的教学方法,把汉字放在语言环境里去识记,如"日""月""明"的汉字识记,把汉字和实物相结合,让学生在"旭日东升"和"十五的月亮"等的课堂创设的情境中去认识汉字,既能提高对汉字的认识能力,又能培养学生的想象能力,使学生由月亮联想到"嫦娥奔月"等相关情境,这样学生在课堂上就不只为考试而去认识汉字的字形和字义,而是在认识汉字的过程中培养应用汉字的能力。

3.多媒体在课堂教学中的应用

如今多媒体技术在学科教学中已经得到了广泛的应用,并且是建构高效课堂的主要的教学方法。但在小学语文教学中,依旧有部分教师怕多媒体技术在课堂中应用会转移学生的注意力,影响学生对教学内容的理解,因此并没有完全普及。将多媒体技术运用于小学语文学科课堂教学中,不仅能提高课堂教学效率,而且使学生课后不用再进行大量的作业练习。如小学低年级的识字教学本来就枯燥,课后大量的重复性生字书写,会使学生产生厌倦的心理。而教师能在教学课堂中用幻灯片、视频等展示的方式,把生字形象地用动画的形式展示出来,则能消除学生的厌倦心理,既能达到减轻学生课后大量练习的压力,又能达到提高学习效果的目的。学生在当堂完成识字教学任务课后,就有大量的时间去学习自己更感兴趣的内容,既减轻了学生的课业负担,提高了学习效率,又能使学生健康快乐地生活。

"双减"政策下小学语文高效课堂的构建,教师既要做好减轻学生课业负担的减法,也要做好增进学生学习效率的加法,在教学内容和教学效率的加减中,建构高效课堂,提高小学生的语文学科能力。

(四)语文教师要进一步提升教学素养

有好教师才有好教育,才有好课堂。打造小学语文高效课堂关键在于教师。"双减"政策的实施对小学语文教师教学素养提出了更高要求。第一,要转变思想,更新教学观念,做一个教书育人的领路人。"双减"的目的是提质增效、立德树人,促进学生全面发展。教师上课不再是靠时间要效果,不再是课内不足课外补,而是要通过改善课堂教学质量,提升课堂学习效率,把时间、健康、能力还给孩子,自觉践行"负担少、耗时少、高质量、高效益"的"双减"政策下的教学思路。第二,加强学习和探索,不断提升自身的语文素养和教学能力。一方面,语文教师要注意拓展自己的知识结构,拥有广博的知识,在教学中才能够站在更高角度,不断开阔学生视野,使各种知识相互联系和融合,提升教学效率;另一方面,语文教师要提高教育教学能力,对于小学生的认知水平、思维能力、心理发展规律要有更为确切的了解,对于语文领域最新的教学研究成果、先进的教学手段和方法等要及时掌握,做到与时俱进。通过不断学习和探索,加强内功修炼,筑牢理念、技能之基,不断提升课堂教学能力。第三,"双减"背景下,政府教育部门要积极组织小学语文教师培训,不断提高小学语文教师教育教学水平。学校语文教研组要针对"双减"政策加强"小学语文高效课堂"教学研讨活动,认真研究课堂教学策略,优化课堂教学方式,通过精研教学提升教师教学水平,助力打造语文高效课堂。

(五)制定恰当的课堂教学目标

要打造语文学科高效课堂,制定恰当的课堂教学目标至为关键,语文教师切不可忽视。应根据小学语文课程标准和课堂教学的内容,结合小学生认知规律、学习习惯等实际恰当设定教学目标,使教学目标明确可行。教学目标的设定应有利于激发学生学习欲望,培养学生各方面的能力,发展学生的个性。具体来说,应重点从知识、能力、情感三个维度着手来考虑小学语文课堂教学目标设定。第一,知识目标。语文课程是基础性课程,在语文课堂教学中,知识目标主要是传授学生识字、写字、了解文章内容和写作方法等,使学生掌握一定的文字、语言、读写、逻辑等方面的知识。第二,能力目标。小学语文课堂在传授学生知识基础上,还要重视对学生能力的培养。学生是学习的主体,应着眼于培养学生自学能力,促进学生独立思考,学会读书,提升运用知识的能力。另外,还应将学生的协调能力、应变能力、创造能力等纳入课堂教学目标中,使学生在掌握语文知识的同时,逐步培养多方面能力。第三,情感目标。这一目标体现的是语文的人文性,强调对学生进行人文渗透和滋养。在小学语文课堂教学中应注重情感熏陶,指导学生正确理解文章内容及文章蕴含的思想情感,从中得到启迪,学会审美,培养健康的审美情趣,升华道德情操,优化心理品质,形成积极的人生态度和正确的价值观。总的来说,小学语文课堂教学目标应具有育人性,语文教师要从多角度考虑,把知识传授、技能培养、情感培育都具体体现在每节课堂的教学目标中,从而充分发挥出教学目标的导向作用,以此展开教学活动,必然能够提升课堂教学效率效果。

(六)营造轻松愉悦的课堂氛围

语文课堂教学的过程既是知识传授的过程也是师生进行情感交流的过程。轻松愉悦的课堂氛围能够有效激发学生的情感,增加学生的语文学习兴趣,活跃学生的思维活动,从而更容易树立积极的语文学习观,加速语文知识接受与消化的进程,使语文课堂焕发出活力,教学效果也会得到明显优化。因此,营造轻松愉悦的课堂氛围对于小学语文高效课堂的打造深具影响。具体而言:一方面,要努力建立良好的师生关系。古人云"亲其师,信其道",和谐、友好、亲切的师生关系有助于调动学生上语文课的兴趣,认真听课和积极思考问题,强化主动学习意识,也有利于学生身心健康,是构建轻松愉悦课堂氛围、高效完成教学目标的重要基础。语文教师在教学活动中要充分尊重学生的主体地位,关注学生的情感,加强与学生的交流,了解学生预习复习状况,多听取学生的建议。要认真倾听学生的课堂发言,通过学生"讲"教师"听",让课堂成为学生发挥的舞台,有助于锻炼学生的说话能力,激发学习兴趣。要不失时机地赞赏学生,赞赏对学生是一种非常愉悦的体验,能使学生在学习中感受到被肯定的喜悦,激发学习热情。同时,也拉近了师生之间的心理距离,融洽了师生关系,活跃了课堂气氛。另一方面,可以充分运用现代教学手段,让课堂变得生动、直观、丰富,激发学生求知欲。语文教师在课堂教学中可利用多媒体创设具体的教学情境,重现文章中描述的场景,让学生视听感官受到刺激,此时,小学语文课堂教学不再是枯燥乏味的文字教学,而是直观、丰富、立体、多彩的趣味活动,能够强烈吸引学生注意力,提高学生学习热情,发展学生观察、想象、思维能力,获得语文课堂教学的高效率。

(七)充分利用合作式教学方式

在语文教学活动中,学生作为独立的个体,彼此之间在知识、智力、爱好等多方面都存在差异。充分利用合作式教学方式,可以使学生互补学习,互相帮助,培养合作精神,更有效率地提升学生的综合能力。此外,这种教学方式能够满足学生心理需要,发挥学生主观能动性,学生有了展示自己的机会,通过长时间的锻炼,有助于拓宽思维,培养表达能力,增强学习信心,激发创造能力。合作式教学是当前素质教育和小学语文课程标准共同倡导的教学方式,有助于打造小学语文高效课堂,符合当下学校落实"双减"政策的教学要求。实施合作式教学,教师在编组时要兼顾学生能力的优劣和兴趣爱好方面的差异,尽量做到优劣互补,合理搭配。然后提出问题让学生展开小组讨论,小组内的每个成员都要大胆提出自己的疑问,也都有责任帮助其他成员答疑解惑。通过小组内部的交流合作,发挥每个学生的力量,对语文教学中出现的各种问题进行深入分析和探究,促使学生主动进行语文学习,加深对课文的理解,形成自己的认识和看法。在课堂讨论过程中,教师作为引导者要注意把握节奏与方向,让学生掌握合作学习的重点,并对学习难点给予合理启发,鼓励学生谈出真实看法,哪怕完全与众不同。最后,教师要对小组合作学习做出中肯评价,通过评价激发学生的合作学习热情,确保小组活动能够持续顺利开展。

(八)有效设计语文课堂作业

作业是语文教学的有机组成部分,有助于加强学生对所学知识的理解和巩固。包括课堂作业和家庭作业。"双减"政策规定,小学一、二年级不布置书面家庭作业,其他年级书面家庭作业不超过60分钟。通过作业控制,把更多的课后自由时间还给学生,让学生有时间去阅读、锻炼、娱乐、参与各种社会实践,促进学生全面发展。取消或控制家庭作业,实际上给小学语文教师提出了更高要求。教师要把作业重心放在课堂作业上,通过课堂练习加强学生对所学知识的理解和巩固。这就需要教师珍惜课堂上的有限时间,在全面把握教材重难点基础上,精心设计课堂作业的内容,让学生的作业在课堂上高效完成。在学生写作业过程中,教师随时批改、随时反馈,及时掌握学生学习情况,根据课堂作业的效果对教学方案作出相应调整。在设计小学语文课堂作业时,教师必须切实改变传统的叙述作业,废除机械重复作业,密切结合小学生特点和生活实际,多设计探究性作业和实践性作业,让学生敢想、乐做。只有经过长期训练,才能培养出敢于创新、善于实践的学生。另外,作业设计要体现个体差异,避免"一刀切",毕竟每个学生的学习基础、能力、特长等都有不同,教师对此应详加考虑,设计多样化、分层次的作业,使每个学生都能充分发挥自身潜能。

第二节 基于"双减"背景的小学语文
深度学习教学策略

在执行"双减"教学策略过程中,教师需要重视对传统教学问题的反思和回顾,在新的教学阶段切实提升课堂教学的实践质量,使学生在学习中学会学习,降低学生在学习之外的额外负担和压力,使学校教育能够有效地应对传统教育的挑战。此外教师需要创新的作业布置形式和内容,使学生的课外学习和课内知识掌握形成更有效的配合,促使学生接触到的学习资源质量也相应提升,为"双减"教学的长期进行奠定基础。

一、"双减"政策下小学语文深度学习的重要意义

(一)提高学生的语文素养

在"双减"政策的大背景下,教师要在不违反政策规定的前提下不断提高课堂的教学效率,让学生在有限的时间内高效学习,掌握应该学会的知识。教师应该引导学生进行深度学习。什么是深度学习?深度学习和传统的学习是不一样的,传统的学习是学生听从教师的安排,课堂上认真听讲,课后按时完成作业,这种教学方法完全以教师为主体,学生只是学习的参与者而已;深度学习即指学生在学习的过程中展开思维,主动地去思考学习的知识,从中发现存在的问题,并通过自身的努力成功解决问题,不需要教师的监督,学生在课堂上能积极与教师互动,课外能自主阅读自己感兴趣的书籍,拓展自己的知识面,增加自己的见闻。兴趣能让学生爱上学习、主动学习,经过日积月累,学生的语文素养渐渐就提高了。

(二)提高课堂教学成果

"双减"政策下,提高课堂效率是提升教学质量的必然措施。而想要提高课堂效率,就要改变学生以往的学习方式和教师以往的教学方式,要让每一节课都很有意义,是经过深思熟虑和精心设计的。简言之,就是教师要实现深度教学,学生要实现深度学习。教师在课前要精准备课,将单元教学的重点和难点梳理出来,抓住语文核心教学意义,在课堂上带领学生进行有意义、有效的学习,思路明晰、主题突出,让学生明白自己这节课要掌握的知识是什么,促使学生实实在在地学习,认认真真地练习。目标明确了、知识点清楚了,学生学习也就不再迷惑了,课堂的教学效率自然也就提高了。

(三)"双减"政策能有效减轻学生和家长的压力

"双减"政策实施之前,学生的学习压力异常之大,很多小学生每天的作业要做到晚上11点左右,周末更是没有时间休息。家长都抱着不能让孩子输在起跑线上的想法,给孩子报了各种校外辅导课。本该是孩子们娱乐休闲的时间却被各种校外辅导机构占据着,家长对于孩子的学业

也是苦不堪言。在这样的恶性内卷形势下,国家出台了"双减"政策,政策的出台自然受到小学生及其家长的热烈欢迎。但高兴之余,不免有家长担忧起来,没有作业了,家长也就不了解孩子在学校的学习情况,也不知该如何辅导孩子,会不会耽误孩子的学习?鉴于此,教育部门和学校应当认真思考,在"双减"政策下该采取什么措施来提高教学质量。

二、传统学校课程教学中存在的一些问题

教师对学生有不信任感。传统的治学思维深受儒家教育和传统教育思维的影响,教师和家长在教学上给予了学生过高的期望,但对学生的实际学习能力却十分怀疑。导致学生在学习中不得不应对死记硬背式教育,在学习中难以展现出自己灵活的思维,对知识学习的认知十分生硬和刻板。其中还有教师教学本身的教学能力问题,部分教师本身在教学中以自我的想法为中心,对学生本身的学习行为特点视而不见,也导致学生在学习中形成了被动依附的学习心理。此外教师和家长强制要学生以理性思考学习问题,学生在小学阶段对知识学习没有相应的理性思考能力,也导致其对知识学习的心理负担过重和对抗心理增加。对此,在新的教学阶段,教师要将学生为主体的教学思想落到实处,尝试在教学中信任学生,促使学生在学习中进行更多样积极的尝试[①]。

学生对知识学习的认知不够清晰。任何知识学习都具有系统性,学生在学习中需要保持较宽的视野并保持清晰的目标和信心,才能使其在学习中进行更多样积极的尝试。但在传统课程教学中,教师对系统性的知识教学缺乏思考,对知识的阐述和讲解都相对散碎,影响了学生实际获取知识的效率,是导致其在长期学习中成绩无法显著提升的重要诱因。此外教师额外的纪律管束、道德教育、家庭作业等内容,在一定程度上都增加了学生的心理负担,消耗了学生的精力,导致其在知识学习上出现精力不足的情况。对此教师在之后的语文学科教学中,要保持寓教于乐的教学精髓,将教学和其他教育进行有效区分,使学生有精力在知识学习中进行有效思考,继而在复杂学习问题解决上进行更积极的

---

①李辰. 小学高年级学生语文深度学习现状及其改进策略研究[D]. 大连:辽宁师范大学,2021:33.

尝试。

学生缺乏有效的知识学习方法论。在知识学习中,任何初学者都有路径依赖。如对语文知识的学习,学生需要通过大量的阅读、记忆和实践完成。在具体的语文学科课堂教学过程中,教师要提供给学生多样的知识教学路径,使学生有机会不断接触自身的知识"边界",进而在学习中进行更多样的积极尝试。但在实际教学中,教师对教材内容过度关注,在教学中缺乏对其他学习路径的有效引导,导致学生在学习中容易形成安于现状的心理,在学习中缺乏创新和挑战意识。对此,在新的教学阶段,教师也需要进行更多样积极的尝试,使学生在学习中融合自己的经验逐步找到更适合自己的学习路径。

三、"双减"要求下小学语文深度学习教学开展的策略

教师保持学生为主体的教学思路。在小学语文课程教学中,首先,教师要意识到学生自身对知识学习缺乏理性思考能力,在教学中应该更多以兴趣和现实生活为出发点,实现对学生学习兴趣的有效引导。其次,师生关系、集体学习环境对学生的学习行为也有着重要影响。教师需要展示出自己的教学风格和魅力,实现和学生多样性的交流和活动,维持良好的师生关系。再次,活跃课堂教学气氛,使学生之间彼此更加熟悉和了解,在学习中保持交流竞争意识和态度。最后,教师需要保持激励性的教学策略,并坚持在教学中具体问题具体分析的教学策略,减少对学生的负面评价,在教学中对道德教育和成绩教育进行有效区分,使学生的学习精力能够有效集中,在学习中避免被过多因素干扰。例如在一般的师生关系管理中,笔者都将学生个人的道德管理问题放到课后私下解决,在不影响学生实际上课节奏的情况下开展,以此使学生在课堂教学的学习中能够进一步集中注意力,降低学生在学习的过程中产生的焦虑心理。

教师需要积极培养学生的独立学习思维,在语文课程教学中传授给学生更多的方法论。在小学语文课程教学中,教师可以通过"信任"学生的方式培养学生的独立自主学习能力,将学习的经验传授给学生,使学生逐步摆脱对教师、对课堂教学的依赖。教师可以积极开展课外预习教

学,提前设计阅读问题,鼓励学生私下对阅读问题进行自主分析和回答,在课堂上验证自己的学习结论。以此使学生的自我学习思路和方法论不断修正,最终对阅读方式和路径形成全新的认识和体验。例如,在教学古诗词之前,鼓励学生提前对其背景资料进行调查,并尝试翻译。此外教师可以鼓励学生进行合作学习,将更多的课堂问题留给学生自己解决,使学生在交流中总结经验,在竞争中保持创新和挑战思路。在语文知识教学中,教师也需要打开学生的视野。如教师需要介绍语文知识是一门长期积累的学问,听说读写练习都对提高自己的语文素养大有裨益等,以此使学生在学习中进行多样尝试。

利用信息技术对关键教学内容进行总结。在语文课程教学中,教师可以利用信息技术对关键语文知识进行集中讲解,以提升语文授课的整体质量,降低学生平时的学习负担。例如,教师对语言修饰方法的集中举例讲解分析,对现代语言汉字的来源,对文章的体裁、文体,对语言的逻辑问题等各种常识内容进行讲解,使学生对语文课程做到必要的多样思考,促使学生在课余学习中进行多样化的思考和尝试。

加强家校联系教学。在语文课程教学中,教师要重视布置作业的质量而非数量。在教学过程中保持和学生家庭的有效联系,鼓励学生家长以科学的方式引导学生完成作业,带领学生多参与"社会实践作业"等,以此使学生在课余学习中也能获得更进一步的知识积累和能力提升。例如教师可以给学生家庭布置合理的亲子教学作业等。

把语文教学融入主题教学活动之中,以强化学生阅读理解能力。课堂教学应该是生动有趣的,不应该是死板无聊的,如果在教学中加入活动环节,能够有效提升学生的学习兴趣,达到使学生乐于参与,积极互动的目的。课堂活动不是简单的做游戏,而是要把所学的知识融入游戏中。教师可在游戏中适当地对学生进行点拨,进而引导学生向着正确方向前进,对于学习过程中的重难点加以强调、标示。同时在学生掌握重难点的基础上拓宽学生的知识面,让学生对所学习的知识进行深入理解。另外,教师在教学中还要适时地使用手势语言和声情并茂的朗诵等方法感染学生,并鼓励学生将课堂所学的知识在实际生活中加以运用,于写作中流利表达。

例如,在《守株待兔》寓言故事的教学过程中,教师需要通过简单的故事向学生传达深刻的思想内涵。教师在教学时,可以先让学生默读一遍课文。这样的寓言故事,学生读一遍基本上就掌握了故事的情节。此时教师可以带领学生重现一遍故事的发展过程,找几个学生扮演故事中的人物,让他们体会人物的心理,并通过角色扮演,带着感情进行朗读。活动结束后,让扮演者谈谈自己对所扮演人物的理解,说一说他在故事中的这种做法对吗?为什么?从中你能得到什么样的启示?通过教师的连续发问,学生会对这一角色进行深度思考,进而对这个寓言故事进行深度剖析,结合自己的经验自主思考,这些深刻的道理便能被学生牢牢记在脑海当中。学生自己悟出来的道理比教师告诉他的要深刻得多,而且也能培养学生独立思考、独立解决问题的能力。

进一步明确教学任务和教学目标,帮助学生找到高效学习的方法。"双减"政策要求给学生减负,教师就要想方设法为学生提质增效,不能减了作业,也降低了学习效果。因此,教师要在备课、上课环节着重研究,在熟悉学生学习情况的前提下,尝试进行单元整体教学,将教材编排的内容进行重新整合,删除一些学生已经掌握的知识,精准挑选出需要重点讲解的知识,让课堂学习变得更加有效,不浪费学生的有限学习时间。

当教学单元中有多个教学任务时,教师可以结合教材课文确定一个侧重的教学任务,将本单元中的其他教学任务与其他单元的相关教学任务进行适当融合。这样既完成了本单元的教学任务,又达到了教学目标,而且学生也适应了系统化学习的模式,从而一举多得。

重构课后作业形式、优化教学评价体系。"双减"政策下,教师不能给学生布置过多的作业,这就需要让有限的作业量达到预定的效果,即教师要布置结合课堂的、有效的作业。教师在布置作业时,可以基于语文基本素养的培养,将作业分为听、说、读、写四类。教师也可以根据学生的具体学习情况制定几种不同难度的作业,让学生自由选择,学生选择后,要说明原因以防避重就轻。这样做的目的是激发学生自我反省,对于自己学习中的缺陷有明确的认知,然后通过选择相对应的作业进行加强练习。对于布置的作业,教师当然不能置之不理,教师要给学生提供作业中的答疑解惑,必要时可以进行单独的辅导,让每个学生都在自身基础上有所提高,达到深度学习。

例如,在《为中华之崛起而读书》这篇文章的教学过程中,教师应注重培养小学生对文章中细节的观察和理解能力,并让学生结合周恩来总理发言的背景,同其他人的言论进行对比来强化学生对中心句的理解,以确保学生全面、系统地感受文章中人物语言、细节方面描述的作用。即教师应避免采用统一式标准答案束缚学生的思维,而应鼓励学生大胆想象、敢于开阔自身知识视野,以引导学生把自己的实际学习体会用书面的言语进行表达。因而教师应转变教学评价模式,来解放学生的学习思维以切实提升其语文深度阅读的能力、丰富其语文想象力。同时教师在设计语文课后作业时,也可以与学生家长取得联系,以听取家长的意见和建议,并鼓励家长以发展、长远的眼光来客观评价学生的学习成果。

总之,"双减"政策下小学语文的深度学习需要教师和学生的共同努力。通过深度学习提升学生的学习兴趣,培养出能自主学习、热爱学习、主动探索的全面发展的学生,不再停留在"分数为王"的时代。即在教育迈向关注学生综合素质发展的新未来,教师应引导学生努力适应时代潮流,并把语文深度学习与生活化教学、素质化教学相结合,以提升学生课堂学习效率。

第三节 基于"双减"背景的小学语文智慧教育模式

语文的课程性质决定了语文不同于其他的学科,是工具性和人文性的统一。语文学科不仅要教学知识,还要着重培养学生的价值观以及情感体验,切实增强学生的道德品质以及文化品位等素养。在实际教学过程中,应该与时俱进。以科学的教育理论为基础,同时结合学科学习的特点以及要求展开教学。教育部提出的《教育信息化和网络安全工作要点》强调,今后教育信息化发展要着重于创新教育以及智慧教育。而智慧教育理念的提出,对于教育发展也有着重大影响,会带来教育理念以及具体方式的不断变化革新,形成对于整个教育模式与网络技术结合后的重塑。语文学科在这种背景下,也会越来越重视信息技术在教学过程的运用,真正做到与时俱进。如今在"双减"背景下,智慧教育对于语文教学,又赋予了新的意义。

一、智慧教育与"双减"背景

智慧教育,就是教育信息化,是用现代信息技术来促进教育改革与发展的过程。中国教育的信息化不仅需要技术设施支持,同样需要进行教育模式的转变,从而将智能技术与学校教育相融合。对于智慧教育领域,未来的智慧教育要具备五个特征:第一,学习者被视为核心,在教育过程中占据重要的地位,教学活动设计应该根据学习者的特点来提供针对性的干预。第二,教学资源应该以更加科学的方式进行分配,形成整个流程的监测分析。第三,在教学的过程中,需要确保所有决策的完成具有智能化特点。第四,在进行教学时,应该确保能够充分地实现教学资源的共享。第五,智慧教育旨在将学生培养成具有良好学习能力,能够善于运用信息技术,在团队协作中能够有效沟通,平时善于实践,具有解决问题的能力。现代技术提供了支持智慧教学的平台,因而在开展教学过程中,应该最大程度利用教学资源,确保将学生培养成智慧型人才[1]。

《进一步减轻义务教育阶段学生作业负担和校外培训负担的意见》的出台,是对于小学教学的一种规范。根据意见内容,小学语文学科教学时应该将立德树人作为根本任务,通过多方联动,共同推进教学计划的开展,将学校教育作为主阵地,治理当前存在的校外培训机构问题,以促进形成良好的教学生态,从而促进学生的健康发展。"双减"政策将学生的作业负担问题视为重点解决问题之一,明令要求要全面减轻学生作业的总量以及时长,以防止给学生造成较大的负担;提出要提升课后服务

---

① 易路. 基于智慧教育的小学语文教学设计与应用研究[D]. 新乡:河南师范大学, 2019:32.

的水平,以确保学生多样化的发展要求能够得到满足;学校可以通过统筹教师排课的方式来改善教学质量,以确保课程能够获得学生以及家长的充分认可。针对"双减"政策提出的若干意见,学校应该注重自身教育质量的改善,以确保学生能够获得良好的校内教育的机会,智慧教育就是一种很有效的教育模式。

二、小学语文智慧教育模式实施的重要性

(一)小学语文学习特点

语文学科注重培养学生的知识以及技能。在教学过程中,要求卷面的书写整洁干净,保持一定的书写速度;在教学时,能够具备良好的阅读技巧,能够掌握阅读的情感以及方法,具备一定的鉴赏能力;写作时,能够掌握基本的写作方法,能够根据要求进行习作的修改;而在口语交际领域,可以根据场合的差异性进行语言表达。对于综合性的学习领域,确保学生能够独立思考进行信息的搜集,同时可以有效地完成实际问题的处理。对于语文教学应该构建适当的方式方法,以个体发展特点为根据,结合智慧教学理论模式,从小学这一特殊阶段入手进行课堂构建。

小学阶段学生的学习特点也存在特异性,对于这一阶段的学生而言,此阶段的学习兴趣偏向于内在性,根据类型可以分为直接以及间接两种兴趣类型,直接兴趣即对于学习学生产生的一种发自于内心的兴趣,而间接兴趣指的是由于外部的激励而产生的一种兴趣。兴趣对于学生的学习十分重要,通常由于小学阶段学生的学习以感性思维为主,如果有兴趣支持,那么学生就会更加积极地进行学习,因而教师应该充分重视这一点,在课堂教学过程中引起学生的兴趣,充分调动其思维,把外在的兴趣调动起来,驱动内在兴趣的生成,从而有效地完成教学目标。

(二)小学语文智慧教育的特点

相较于传统课堂形式,小学智慧教育有其独有特点。智慧教育诞生的背景是现代技术时代,其课程的构建主要以技术为依托,以各种设备作为支持,在认字、阅读以及写作等各方面的教学以及学习中都有体现。智慧教育能够打破课堂现有的时空局限,而在学习过程中,以更加多样

化的方法激发学生的学习积极性,将学生培养成智慧型人才。教师以信息技术为支持,利用各种智能设备,为学生提供智慧化的学习环境,改变传统的知识灌输模式。智能化进行教学,学生也可以更加轻松地进入教学情境之中,从而使得教学环节更加数字化、智能化。

智慧教育的另一个特点即为具有较强的互动性,注重学生以及教师之间的交流沟通。语文学科作为一门工具学科,在学习的过程中,仅仅靠聆听讲授是无法获得良好的学习效果,还要通过互动来进行练习巩固。小学阶段的学生具有其自身的特点,活泼而具有创造力,但精力集中的时间较短,这就需要教师在了解学生学习特点的基础上,采用适当的方式吸引学生注意,以改善学习效果。利用信息化技术的智慧教育,可以以新颖独特的模式,用更加新颖的方式,达到让更多学生互动参与的目的,而学生全身心投入参与,就能减少学生注意力分散的机会,以达到教学目标要求。

"双减"政策的提出,要求全面降低学生的作业负担和校外培训负担,虽然从表面上看起来也降低了教师的作业批改以及额外的辅导任务,但实际上对于教师却提出了更高的要求。在"双减"政策下,教师要在优化作业的基础上不断提高语文教学的效率,基于这样的要求引入智慧教育模式,能够为教师的教育模式构建增添新的灵感,注入新的活力。从当前小学语文教学的现状来看,语文智慧教育模式的构建中也存在一些问题,因此要针对这些问题进行探讨,才能够在"双减"政策下进行针对性的优化。

三、当前小学语文智慧教育模式构建存在的问题

(一)智慧教育模式的构建未能尊重学生的主体地位

在小学语文课程教学中,教师要发挥智慧教育模式的更大价值,就应当尊重学生的主体地位,从学生的实际学习需求出发,考虑到学生的学习需要,制定有效的策略,这样才能够提高教育教学的有效性。但实际上,在当前的小学语文智慧教育模式构建过程中,教师针对各种教学方法的应用和教学资源的引入,只按照自己的主观设计进行,忽视了适应

性和针对性。这导致语文课堂教学内容繁杂,大大增加了学生的学习难度,增添了学习负担。

(二)智慧教育模式的构建未能引发教学方法的创新

智慧教育模式基于互联网和信息技术而产生。在小学语文教学的过程中,要求通过互联网整合优势资源,借助信息技术构建全新的课程教育模式,因此教师要具备与之相应的教学方法和教学理念,才能够有效构建智慧教育模式。但实际上,一方面,许多教师只是简单地将互联网和信息技术引入课堂教学,并没有从根本上转变小学语文课程教学模式,这导致小学语文课程智慧教育模式构建形式化,缺乏适应性和整合性,学生在这样的学习活动中无法很好地进行课程的学习。另一方面,教师自身对信息技术和互联网的应用能力也成为制约智慧课堂构建的又一大原因,一些教师自身的信息素养和应用能力难以支撑教育模式的构建,导致课程教学难以提高教学质量和效率。

四、"双减"背景下的小学语文智慧教育模式的构建

(一)软硬件基础设备支持

随着现代化教育理念的普及,教育技术也在不断革新发展,教育现代化如果想要持续进行,就需要对现有的教育环境提供更加先进的软硬件设备支持,定期进行各种硬件设备的补充以及软件设备的更新。在学校的发展规划中纳入智慧教育所需要的成本内容,对于教师智慧课堂的开发提供充分的支持,学校还需要提供信息专业技术的支持,可以划拨专项资金,为教师搭建智慧课堂所需的环境。同时发挥社会力量,吸纳民间资本,可以与外部企业进行合作,来确保智慧课堂的构建能够获得充分的资金支持。对于部分资金投入较大的终端设备,如果学校无法一次性购入,可以鼓励学生课后通过手机终端App来进行交互学习,或者利用各种软件的二次开发功能进行课堂内容的学习,如微信中的雨课堂、钉钉的直播功能等,类似软件的具体应用应该根据实际学习的内容出发,综合实际教学情况以及学生的需求,创设良好的外部环境,确保在满足基础成本的前提下,营造更加良好的学习环境。

(二)培训提升教师智慧教学能力

语文教学大多采用五步教学法:初步对课文进行阅读;掌握生词字;进行内容的梳理;同学之间进行相互交流;由老师布置作业。这是延续多年的一种课堂教学的样式,如今,这种教学方式仍被大量使用。但其也存在一定的缺陷,最突出的就是教学方法比较单一,学生面对这种千篇一律的教学模式,学习热情也会渐渐降低。当下很多语文教师因为深受传统教育理念的影响,对于智慧教育缺乏深入认识,而未能落实小学语文智慧课堂教学,未能将网络技术与教学实践相结合。而在当前"双减"背景下,小学语文教学应该遵从"减""加"适度的原则,借助信息技术,进行教学模式调整,改变单一的教学方法,用信息技术手段,达到高效低耗的课堂效果,是对于"双减"政策的有效实施。

所以,教师需要善于利用新技术对自身教学进行优化,熟练掌握运用信息技术的能力。为了更好地建设智慧教育模式,学校应该确保师资队伍具备信息技术能力,可以为教师提供培训以及自身提升的条件,并通过开办讲座的形式,邀请具有专业知识经验的专家来校进行专业知识内容的讲解。主要讲解的内容包括计算机硬件技术以及智慧课堂的专用设备技术内容,同时还应该对教师的信息素养进行综合培训,让教师了解行业发展现状,以及信息技术的应用前景,从而让教师对于构建智慧课堂有更为深刻的认知,形成对于智慧教育发展的全方位了解,同时将新的理念在实际教学中加以应用。教师是智慧课堂实施的主要条件之一,智慧课堂的构建需要从教师自身出发,不断地提升其教学的能力,深化自我素养。并要将学生作为教学的中心,以学生为主体,对其进行引导,教师成为学生的辅助者,根据学生的实际情况,不断地进行教学策略的调整,形成更加完善的教学策略模式。

(三)优化小学语文智慧课堂教学互动环节

"双减"背景下,在开展语文教学活动时,应该从课程的本质出发进行考量,学习运用语言文字,学习文学以及文化语言体系,根据课程目标确定课程内容,确定对于课程的整体评价,积极倡导用学习语言的方式进行语文学习,考察课程效益,减轻语言学习的负担。小学语文教学是多项教学任务的综合,在开展教学工作时,应该打好阅读以及表达的基础,让学生掌握识字能力。识字主要从读、认、用三个部分完成,在教学时应该循序渐进地完成各项任务:对于低年级的学生进行教学时,可以通过跟读教学模式帮助学生进行识读,在熟悉拼音的过程中,使学生的语感不断增强;对于高年级的学生,可以自行阅读,如果有不认识的字,通过查阅词典、字典的方式来进行认读。而在智慧教育背景下,通过各种语音识别软件能够为学生提供更加有用高效的辨别读音的软件,提供更加标准发音的同时,还能检查学生的读法是否正确,在智能终端安装后,无论学生在家还是在课堂的学习,都可以更加便捷地使用。当前常见的语音识别软件包括机器阅读、录音阅读、识别评价以及修正等功能,这保证了学生的学习可以得到纠正反馈,同时可以提高效率,相较于教师逐个指导学生需要花费大量的时间,这种方式可以让教师利用更短的时间,达到更好的学习效果,使得每名学生都成为学习环节的主体,教师能够充分发挥自身的指导功能。

(四)开发共享性学习空间

"双减"的"减"是为了更好地"加",减去不必要的内容,可以将更多时间放在有意义的教学上。在智慧课堂理念的指导下,教师应该充分开发共享性学习空间,在完成课程学习之后,可以通过布置阅读任务的方式,让学生在课下通过集体合作的形式来进行相关文本材料的获取。很多学校配备了移动阅读平台设备,其主要包括云平台、云盘、终端,学生搜集资料后上传到共享学习空间,能够高效地进行阅读内容的获取,避免信息的重复获取,导致时间的浪费,所获取的材料呈现形式会更多,更能够吸引学生的关注,学生可以直接在设备上登录后,便直接进行阅读,减少了寻找文本的时间成本。以统编版小学语文教材五年级上册第四单元为例,借助资料了解写作背景,可以更深入地理解课文蕴含的情感,结合资料还可以丰富对课文内容的认识,从而通过朗读,把课文中丰富的情感表现出来。如在学习《圆明园的毁灭》一文时,教师可以让学生提前搜集圆明园毁灭前藏有哪些宝物,除了书本上介绍的建筑,还有哪些令人称道的建筑,学生搜集资料上传,就可以共享更多的资料,习得更多的知识。同时,众学生的思维也会更加发散,寻找资料的角度也会更多样化些。通过资料的搜集,对比昔日的辉煌与如今的废墟,学生才能更深刻地体会其中的痛惜之情。

(五)构建差异化智慧教学模式

差异化智慧教学是指在教学过程中,以技术环境为依托,来探索一系列的智慧方案。差异化教学注重对于学生个性特点的把握,做好智慧教育课程的安排,以智能技术为前提来开展教学。差异化教学是以教育制度为依据提出的一种因材施教的教学模式,在智慧技术教育的背景下,这种理论具有充分的实现空间。在进行差异化教学设计时,可以从课堂理念出发来进行教学设计,由于课程任务具有差异性,在进行教学安排时,还需要做好学生的个体情况调查,在了解学生的前提下,来推进知识点的内容。由于不同学习者对于知识的理解存在差异,而学生的水平不同,也应该进行自身的学习能力的调节。对此,教师应该充分地利用多种手段来进行课程安排,充分进行内容的交流,避免仅仅是进行课堂管理的情况,要能够对于教学的内容进行引导拓展。最典型的是低年级的识字教学,不是每名学生都能够很好地掌握一类字,在信息技术的支持下,学生可以在平板上书写,有错误的地方及时反馈到教师端,教师得到反馈后,调整教学方案,在学生多次错误的地方,在课堂进行再次强调指导,而对于个别学生的错误,就可以利用课后的时间单独辅导,在不浪费课堂时间的前提下,还能让学困生得到帮助。所以在"双减"背景之下,知晓每名学生的不足,才有利于教师调整教学方案,明确哪些需要在课堂上再次强调,哪些地方又是只需要个别辅导,充分利用好课堂时间,在有限的时间内教授更多的知识。通过智慧教育模式进行课堂安排,整个过程更具有针对性,教师还可以在课后进行线上辅导,将课程内容进行个性化的资源推送,作为课后的拓展。

(六)教学内容联系学生生活,增强学生体验

对于小学阶段的学生来说,教师在实施语文教学时,要考虑到学生的接受程度和学习兴趣,只有学生对所学内容产生浓厚的兴趣,才会愿意

主动学习探索。因此教师在"双减"背景下构建小学语文智慧教育模式，要联系学生的生活，融入课程教学内容，增强学生的体验，这样才能够激发学生对语文课程学习的兴趣，学生有了学习兴趣，才会在积极主动参与的过程中提高课程教学效率，而语文课堂教学效率提高，学生就不需要将太多时间花费在课后的练习与巩固上。具体来说，教师可以创设生活化的情境，让学生在参与情境的过程中强化学习体验。以部编版小学语文《一起做游戏》为例，这一课程的主要内容是围绕如何邀请自己的好朋友一起做游戏，因此教师在构建智慧教育模式的过程中，通过多媒体动画视频展示做游戏的场面，利用这样的趣味性情境，引发学生的兴趣，接下来教师引入电子白板采用人机对话功能，让学生提前模拟自己是如何邀请伙伴做游戏的，看自己这种邀请模式能不能在人机对话的过程中得到回应。通过这样的方法，能够让学生在参与对话的过程中提高自己的语言文字应用能力，有了这样的基础，教师引入课程才能够使学生在参与游戏的过程中更好地掌握游戏目标，从而达成本节课程的学习目标，提高学习效率。

（七）推动课程教学方法的多元化，突破教学重点

智慧课堂教育模式的构建为教师的课程教学方法创新注入了更多活力，教师在实现教学工作创新的过程中，可以利用微课构建翻转课堂教育模式，通过翻转课堂使学生通过课前自主预习课堂重难点知识内容的学习，提高课堂学习的质量也能够提高课堂教学的效率。在实践中根据课程教学的内容，为学生补充明确的自主学习任务，让学生通过自主学习的方式更好地掌握知识。

以小学语文课程《海底世界》为例，在这一节课程教学中，教师采用微课构建翻转课堂教育模式进行教学，为学生布置自主学习目标：自主阅读课文，说说课文是从哪几个方面描写海底世界的？学习本节课程的生字词，会读"波涛澎湃"，会用"窃窃私语"和"景色奇异"造句。根据这样的科学自主学习内容，教师利用微课推送了学习资源，让学生通过课前自主预习掌握基本知识，在接下来的教学中，教师根据本节课程的重点内容，提出了探究性问题：本文描写了哪些海底动物？作者是用什么

方式来说明其特点的？在这样的探究性问题中，学生通过合作学习，明确了列数字、作比较、打比方等说明方法。以此突破课堂难点提高了教学效率。

（八）优化语文作业创新设计，提高学生能力

"双减"政策明确要求降低学生的作业负担，因此教师要对小学语文作业的设计进行创新。一方面，通过语文作业的设计，拓展语文作业的内容和形式，带给学生新的体验；另一方面，教师要注重语文作业的功能，体现教师与智慧教育模式相结合，使学生在完成作业的过程中既能巩固知识，又能够增强体验，从而提高自己的语文能力。以《北京的春节》为例，根据这一节课程的内容，教师布置了如下作业：收集本地关于春节和各种节日的民俗习惯，形成调查报告，在下一节语文课堂上提交自己的调查报告并讲解思路。在这样的课后作业中，学生能够借助互联网进行资料的查阅，也能够通过教师构建的班级教育平台，及时向教师反馈作业，从而提高作业完成的效率，体现"双减"政策的内涵，也能够培养学生的语文能力。

小学是学习阶段的基础，对于小学生而言，兴趣是最好的老师。学生自身的喜爱是内在驱动力，智慧教育就是外在推动力，内外加持才能打好基础，奠定好学习的基石。国家对于"双减"政策的推进，要求学校切实地从学生实际出发，改变原有的教学模式，让"双减"政策真正落地生根，这是有利于学生身心发展的政策。而通过智慧教育模式，可以有趣味性地、针对性地形成对于学生学习的引导，两者相辅相成。所以笔者认为，"双减"背景下的小学语文智慧教育模式研究，对于学生的未来发展具有重要意义。

第四节　基于"双减"背景的小学语文整本书阅读探索

一、"双减"背景下小学语文整本书阅读的重要意义

教师在"双减"背景下引导学生进行小学语文整本书阅读,能够增强学生对语文阅读知识自主探索的欲望,学生在整本书跌宕起伏的情节阅读过程中,还能体会到讲文学习的独特魅力,从而让学生吸取书中文字创作的优势。增强自身的思维品质,促进学生的语文综合发展。除此之外,教师在"双减"背景下,有效利用课外时间,引导学生进行整本书阅读,也能让学生感受到语文学习和生活之间的联系,从而在生活中探究语文。在语文学习中感知生活,促使两者之间相辅相成,从而达到意想不到的教学效果。由于整本书阅读能开拓学生的语文学习视野,教师在"双减"背景下引导学生进行整本书阅读,还能让学生感受到语文世界的广袤无边,从而使学生愿意参与到语文学习中提高自己的语文综合水平,完成教师在小学阶段激发学生对讲文知识自主探究意识的教学目的。学生在整本书阅读过程中,也能丰富自身的语文学习体验,以此让学生打心底爱上语文[①]。

二、"双减"背景下小学语文整本书阅读的具体策略

(一)尊重学生主体地位,引导学生进行阅读

在传统的讲文教学中,教师也经常采用整本书的阅读方式,开阔学生的语文视野,但是在之前的教学中,教师追求的是阅读的效率,于是经常采用硬性规定的方式来促使学生通过完成各种各样的阅读任务,丰富自己的文化知识储备。学生虽然能在教师的规定下,完成阅读任务拓展视野,但是久而久之也对学生的阅读积极性造成了打击,不利于学生进行长期的阅读。所以教师在"双减"背景下引导学生进行小学语文整本书阅读时,应当尊重学生主体地位,挑选符合学生阅读水平的书籍,并且做

①陈梅.小学语文整本书阅读指导研究[D].长沙:湖南大学,2020:25-26.

到自主阅读和自主分析。例如:在整本书阅读正式开始之前,教师可以先做简单的问卷,让学生根据事实完成问卷,然后得出学生的性格以及当前的语文综合水平,在得出数据后,教师根据调查问卷的结果,确定学生的阅读兴趣,给学生推荐相应的阅读书籍。如教师可以给心思细腻的女生推荐《绿野仙踪》《伊索寓言》等,而对思维活跃的男生,教师则可以推荐《父与子》《淘气包马小跳》等。这些书籍中都存在着跌宕起伏的故事情节,能使学生在阅读过程中感受到讲文学习的独特魅力,在激发学生自主阅读欲望的同时,也让学生在课外去自主阅读书籍,以此达到增强整本书阅读有效性的目的。许多学生在经过本节课学习过后,不再认为整本书阅读是为了语文学习才去阅读,而是因为自身兴趣而去阅读,这就让学生重新认识了整本书阅读。同时学生在接下来的整本书阅读过程中还会主动与教师交流,探讨阅读中的问题,也能促使学生在潜移默化中形成语文自主学习意识。

（二）结合讲文教材内容,提高阅读的有效性

"双减"背景下,简单的书写形式已经不是学生完成语文任务的方式。通过教师的观察发现,小学生的学习思维活跃,但是自制力明显不足,在阅读过程中过分追求故事的情节,而不注重故事当中的细节,这就无法使整本书的阅读效果达到所预期的目标,也无法增强学生的语文思维品质。因此教师要认识到学生接触语文知识的主要途径还是通过教材,教师在推荐学生相应的阅读书籍,引导学生进行阅读过程中也要结合教材内容,让学生感受到语文知识和生活之间与整本书之间息息相关,这就促使学生在接下来的整本书阅读中能回顾课堂知识,也能在课堂知识的学习过程中找到与整本书阅读之间的密切联系,以此在巩固学生课堂记忆的同时,又维持着学生进行整本书阅读的兴趣。例如:在学习《曹冲称象》课文时,很多学生都被曹冲这个人物身上勇敢和智慧的形象所吸引,所以阅读兴趣分外高涨。这时,教师就可以推荐阅读简略版《三国演义》,让学生通过插画的观看以及内容的阅读,完成对《三国演义》整本书的学习。教师在学生阅读的中途就可以展开对人物的深度解析,以及给学生介绍三国时代的背景,这时大多数学生会被《三国演义》

中的世界观所吸引,教师就可以借此时机给学生制订相应的阅读计划,如让学生了解自己所喜欢人物身上的精神。学生在阅读的过程中,不仅接触到了在课堂中认识的曹冲,而且了解了刘备、关羽和张飞三个人之间的情谊,也了解了曹操的雄心壮志,这就完成了拓展学生语文学习视野的教学目的。许多学生在阅读完后会被古人的智慧所折服,这也让学生树立了民族文化自信,学生在接下来的语文教材学习中,也会在课堂之外搜索相关知识,达到丰富语文思维的目的,从而增强了学生在课堂外自主进行整本书阅读的意识。

(三)采用信息学习途径,丰富学生阅读感官

信息化时代的发展,给人们的衣、食、住、行四个方面带来了巨大的变化,对小学语文教学也带来了强烈的冲击。信息化教学促使学生在学习和阅读的过程中,不仅能吸收文字知识,还能在阅读的过程中听到声音、看到画面,丰富感官的同时,也让学生愿意参与到整本书阅读过程中,这就丰富了学生的阅读体验。教师在"双减"背景下可以运用信息化途径,让学生感受到语文阅读并非局限于教材或者书本,还能通过视频的方式了解更多的语文知识,这就营造了良好的整本书阅读氛围。教师采用信息化学习途径,在丰富学生整本书阅读感官的过程中,可以结合学生的阅读特点以及生活兴趣,设计有效教学资源,让学生通过阅读和观看视频达到丰满语文想象思维的目标。例如:教师在引导学生阅读《西游记》这一本书的过程中,就可以搜索有关《西游记》的动画资源,通过视频剪辑的手段,设计微课教学资源,上传到班级的群文件当中,让学生家长下载后和孩子共同观看。学生在观看视频的过程中,就会被孙悟空的活泼、猪八戒的幽默所吸引,同时了解到《西游记》故事原型是根据唐代的玄奘大师去印度取得真经的经历改编而成的,这又激发了学生进行整本书阅读的兴趣。通过学生的阅读和对观看视频的对比,学生了解到在语文学习中,当通过多种形式去探究语文知识,这就延伸了教师开展整本书阅读教学的效益。许多学生经过本节课学习,在日常生活中也会自主探究语文知识,并且在经历某一些事情之后,学生也会自发组织并运用已经掌握的语言,通过小作文的方式,将自己所经历的事情呈现

在大家的眼前。本节课的学习不仅增强了学生自主创作意识,也检验了学生进行整本书阅读的效果,同时也让学生在接下来的语文整本书阅读中,能够做到利用信息化途径方式自主探索语文知识。

(四)教会学生正确阅读,提升书籍阅读效果

学生在进行整本书阅读时。大部分会去阅读故事情节,较少部分会对故事中的人物展开探析,很少的学生会从整体上去分析整本书,这是因为学生没有正确的阅读方法。所以教师在"双减"背景下,引导学生进行阅读过程中就应当重视阅读的有效性,先教会学生如何去阅读,再让学生进行阅读,从而使学生整本书阅读收获的知识更广阔。思维导图是当前颇具盛名的学习方法之一,它能整理语文知识点之间的关系,也能让学生通过思维导图的观看对自己所掌握的知识记忆更牢固。教师可以选择在合适的时机,引导学生运用思维导图辅助自身,更好地阅读整本书。例如:教师在学生进行整本书阅读之前,可以先挑选已经学过的一篇文章,用思维导图将文章分解成为时间、地点、人物、事件四大元素,通过让学生了解到这四要教点之间的联系,与不同之处之后,再让学生进行整本书阅读。这时教师也可以让学生通过思维导图的绘制与填充,将整本书知识分解成不同的思维导图,从而使学生知识记忆更巩固的同时,也提高了学生的阅读理解能力。许多学生在经过本次整本书阅读过后,认识到了思维导图的便利性,于是在接下来的语文学习过程中,遇到了较难的阅读知识,学生也会运用思维导图将文章进行拆解,然后逐步了解和学习。这就帮助学生在潜移默化中提升了自己的解题能力。同时,学生在接下来的语文学习过程中,也会养成利用思维导图进行总结归纳的良好习惯,这就整理学生的语文思维,也让学生在进行语文自主学习的过程中形成自己的学习体系,促使学生在课堂中能产生事半功倍的学习效果。

(五)将课外书融入教科书

叶圣陶先生早在1941年就提出了"把整本书作为主体,把单篇短章作辅佐"的教材编辑思路。当今的语文教科书仍然是单篇组织,不过在

教学中,教师可以把教科书教"厚",即补充教科书之外的内容,扩大学生的阅读量,在课外书阅读的实践中对教科书中的知识进一步强化,让教科书和课外书相辅相成,融为一体,成为学生学习语文知识的有效材料。

1.在单篇文章教学时激发整本书阅读的兴趣

1978年,著名语言学家吕叔湘批评语文教学"少慢差费",效果不佳。40多年过去了,语文教学仍然存在事倍功半的问题,究其原因,读书太少。部编版教材的编排,意在让课外阅读不再边缘化,而是进入课堂,课程化。作为教师,如何利用好教科书中有限的文本,抛砖引玉,让学生从一篇课文,走向广阔的书籍呢? 温儒敏教授提出了"1+X"的策略,也就是学习教科书中的课文之后,另外推荐学生阅读相关联的文章或者整本书。例如,五年级下册《刷子李》是冯骥才的著名小说,文章语言幽默,"津"味十足,如果只读了这篇课文,认识"刷子李"这一个人物,是不能深刻感受《俗世奇人》这本书的特点的,所以笔者采用温教授提出的"1+X"的方式补充了《好嘴杨八》《苏七块》《泥人张》等文章,让学生在多文本的阅读中认识个性鲜明的天津"奇人",学生由此产生了探究《俗世奇人》整本书的兴趣。

2.在整本书阅读中夯实语文要素

部编版教科书是围绕"人文主题"和"语文要素"双线组成的。从三年级开始,教材安排了精读、略读课文和"快乐读书吧"栏目。精读课文学习方法,略读课文用方法,"快乐读书吧"栏目意在引导学生进行大量阅读实践。在整本书阅读中,进一步强化语文要素,让阅读过程从有效走向高效。在五年级上册的"快乐读书吧"中,以"读民间故事"为主题,推荐阅读中外民间故事。本册教材的第三单元,以"民间故事"组文,教材意在用《猎人海力布》《牛郎织女》两个故事让学生了解民间故事,并学会创造性地复述故事。为了对"创造性复述"这一语文要素进行多次练习,让学生进一步体会民间故事就是在口耳相传中流传下来的,只靠教材中的两个故事是不够的。在本学期共读《中国民间故事》后,笔者召开班级故事会,引导学生继续运用"改变人称""添加合理的情节""续编故事"等方法创造性复述故事。在创编这些故事时,学生进一步感受到民间故事的特点,通过几次创造性复述,学生体验到讲民间故事的乐趣。除了教科书有限的文本,补充的课外书籍能有力地帮助学生对语文知识、学习方法等进行巩固和加强。

整本书与单篇短章相比,主题更复杂,内容更丰富,人物更多。读整本书对一个人的注意力、思考力、想象力等都提出了更高层次的挑战,阅读整本书不仅仅能让学生增长见识,提高习作水平,而且是一种高强度的思维锻炼。但是,课外书的阅读不能取代教科书中短篇教学的作用,所以,要将二者融为一体进行指导,以此提高语文阅读教学的效率。

(六)让"三分钟"超过"半小时"

小学阶段,培养学生阅读兴趣,让其养成每天阅读的习惯,是教学的主要任务。教师要做好学生阅读的引路人,每天给足学生阅读的时间,提供阅读交流的平台,让阅读常态化,让学生把读书当作每日吃饭、睡觉一样习以为常,让班级、家庭无处不充满读书的声音,看到读书的影子,营造浓厚的班级、家庭读书氛围,这才是最成功的阅读教学。

1.利用"课前三分钟",发挥大作用

每天利用3分钟时间,开展"好书分享""我来读""我推荐"等活动。"课前三分钟"有专门的主持人,有记录员,有摄影师,形成了一个学生自我组织的团队。主动参与此项活动的学生得提前报名,需要制作出精美的海报,还要把所分享的书带给"工作人员"评审,只有有益于大家身心健康发展的书,方可通过审核,才能在班级中分享。这3分钟,讲台可以成为学生展示自我的绚丽舞台。有两个学生在"课前三分钟"的时候推荐了《哈利·波特》这套书之后,相继又有人在"课前三分钟"时进行《哈利·波特》电影的配音、《我是小哈利》的表演等,个个都成了"哈迷"。同伴的影响作用已经超过家长和教师了。实践证明,每天的"课前三分钟",发挥的作用远远超过教师授课30分钟。

2.拍摄3分钟微视频,营造读书氛围

"双减"政策要求一、二年级学生不布置书面家庭作业,三至六年级学生的书面作业完成时长不得超过一个小时,这是对孩子身心健康发展的一项重要保障举措。"双减"政策保证了学生回家后有时间参加户外活

动,能做自己喜欢做的事情。那如何做到"减量"又"提质"呢? 就是让读书成为学生的兴趣爱好,这是当前语文教学的头等大事。浓浓的读书氛围能促使每一个学生产生读书兴趣,除了学校里教师的引导、同伴的影响,家庭的读书氛围也同等重要。为此,教师可让学生自由组队,4个家庭组成一个读书兴趣小组,建立读书交流群,4个家庭选择同一本书读,每一次读完后,父母和孩子一起拍摄一个3分钟的微视频,在读书小组内交流。让孩子、家长之间互相带动,长期坚持下去,培养的就不只是一个孩子,而是一个家庭。3分钟的微视频,折射出的是良好的家风,将影响孩子一生。

(七)由"重结果"变成"重过程"

当前,很多学校把考试作为整本书阅读的目的,出现了导读课"只导不读",交流课"只答题不交流"的现象,甚至有教师在上交流课时用试卷的形式来检测学生的阅读成果。这样的做法实在是误解了部编版教材"快乐读书吧"的编排意图,使阅读失去了完整性与独立性。笔者认为,在整本书阅读教学中,教师始终要和学生保持同步阅读,更应该关注学生的阅读过程,掌握学生的思维发展情况。例如,在阅读《鲁滨孙漂流记》这本书时,可以引导学生绘制时间轴,梳理关键事件,把握故事梗概。时间轴的绘制不是一蹴而就的,而是伴随阅读的整个过程的,可以分步进行。教师要每天关注学生读了多少,时间轴的内容更新了哪些。

又如,在阅读《查理和巧克力工厂》的时候,针对二年级的学生年龄小、好奇心强的特点,引导学生每天阅读之前进行预测。例如,长辈凑钱给他买的生日巧克力里面有没有金奖券? 读完后让学生聊聊自己的预测和书中的内容是否一样。《查理和巧克力工厂》这本书大概需要一个星期读完,那么教师或者学生可以每天提出一个问题进行预测,边读边验证预测结果,如此反复。一方面,鼓励学生大胆猜测,发展其想象力,提升探究力;另一方面,也让学生在阅读过程中体验到预测的乐趣。像这样,学生在感受预测有趣的同时也掌握了阅读的方法。教师每天花费很少的时间和学生聊一聊,实际上是在了解其阅读的过程,重视阅读过程远比重视阅读结果重要,因为让学生在阅读的实践中学会阅读,是阅读教学课程最基本的价值。

随着"双减"政策落地生根,减轻学生的书面作业是首要任务,但是"减负"并不意味着"减质",相反,语文教师应该紧紧抓住读书这个"牛鼻子"不放松,给予学生正确的导向,要将培养阅读兴趣、养成阅读习惯当作头等大事。只有在阅读方面"增量""提质",才能提升学生的语文素养。

综上所述,教师在"双减"背景下,重视整本书阅读的作用,引导学生进行整本书阅读,都在成为必然的趋势。教师除了要运用以上的策略外,还应秉持着以生为本的教育理念,学会站在学生的角度思考,尊重学生的学习天性,并且发挥其优势,让其在接下来的语文阅读和学习过程中,能够通过教师的正确引导,树立积极向上的阅读心态。

第五章 基于"双减"背景的小学语文课堂教学设计策略

第一节 基于"双减"背景的小学语文课堂教学

《关于进一步减轻义务教育阶段学生作业负担和校外培训负担的意见》的印发是适应新时代教育高质量发展的必然要求,也是促进学生身心健康、全面发展的客观需要。其宗旨是提升义务教育阶段学校的教育教学质量、提高服务水平,提出学校的课后服务要满足学生进一步学习和扩展课外知识的需要。要进一步规范校外培训机构,形成以校内教育为主,校外培训为辅的教育系统,使学生更好地回归校园,进一步明确学校作为学生教育主阵地的定位。新时代的小学语文课堂教学倡导师生对话与平等的合作与探究,努力地超越传统依赖记忆的教学模式,创建不同于传统教学模式的思维型教学模式。语文教学不能仅仅关注学生知识性的学习,更要关注学生身心健康的发展。教师面对极具特色的鲜活生命体,教学应是具有一定特色的、五彩缤纷的。

随着新课程改革的不断深化,新的教学理念和方式都发生了翻天覆地的变化。主动探究式学习、学研小组等现代教育方式被广泛地应用在小学语文课堂教学中,使语文课堂变得生动且有趣。然而,仔细观察就能够发现,有些新型课堂仍带有一定的剧本化、表演化成分,有些借由"活动式""研究性"等新形式的课堂教学其本质仍然是以传统灌输形式为主。在"双减"政策影响下,小学语文教师若想做好课堂教学应从以下几个方面进行尝试。

一、"双减"背景下进行小学语文课堂教学的意义

由于学生要进行多个学科的学习,所以在学习过程中可能会存在一定的学习压力,而在"双减"背景下进行的课堂教学,可以为学生提供学习语文的良好途径。在这样的背景下进行学习,学生可以更多地参与到学习当中,更加积极主动地进行语文知识的学习,同时也为学生未来发展和其他知识的学习打下良好的基础。语文是一门综合性较强的学科,提高学生的文学素养,培养学生的思维意识,在进行学习时,教师要对学生进行正确的引导,从而进一步健全学生的思想,使学生能够明辨是非,对不良的行为进行抵制和抛弃,使其形成正确的价值观和人生观,为学生的全面发展打下坚实的基础[①]。

二、"双减"背景下小学语文课堂教学

(一)营造民主、轻松的课堂教学氛围

语文学科的知识性与趣味性需要教师调动学生,把学习探究的主动权归还学生,从而使学生由知识的被迫接受者转为自主探索者,突出学生课堂的主人翁地位,体现其主体性。教师要努力实现:凡是学生自学能完成的,教师最好不教;凡是能让学生自己处理的,教师不要代替;凡是能让学生在课堂上展示的,教师不代言。

1.精心设计问题,激发思考欲望

小学语文课堂自主、合作和探索学习是在教师所设置的情境之中的学习,因此教师如何把握问题设计,就成为关键。心理学研究表明:教师的提问可以引起学生的高度关切,学生的思维也可在解决问题中得到不断发展。立足文本站在学生的角度精心设计课堂提问,从而有效激发学生思考欲望,让学生从学习成功的快乐体验中增强兴趣,形成解决问题的欲望,提升学生的求知欲和自信心,进而促进学生德与智的协调发展。

2.采用现代教学技术,激发学生探索潜能

在信息技术发达的今天,资源的获取与资料的提供是如此的便捷。因而,以适当的方法向学生提供资料、资源,就成为实现语文课堂提升教

①沈晓燕.学科育人背景下的小学语文教学策略[J].教师博览,2022(15):47-48.

学有效性的重要策略。在实际的教学实施过程中,教师要将信息技术与教学内容相融合,让学生在多姿多彩的多媒体教学资源中探究问题,加深对文本的情感体验。

教师可凭借信息技术在语文教学中的应用提高语文课堂的效率。但教师在设计课件时,不可以过于依赖课件PPT的展示,应有的板书内容不能缺少,帮助学生养成记笔记和在书上做批注的学习习惯。

3. 努力提升学生思维与深度思考问题的能力

思维能力是学生解决问题的核心能力,其中包括学生的创新能力、问题解决能力、决策力和批判性思维能力。在知识时代的背景之下,高级思维能力是对高素质人才提出的新要求,是适应时代发展的关键能力。在课堂教学中,发展学生高级思维能力是至关重要。因而,如若为学生创设的课堂环境有利于学生独立思考与探索思维的形成,许多学生是完全可以通过自己的努力获取知识的、并对遇到的问题提出回答。此时教师的身份发生转化,成为学生语文学科的引路人,通过对学生的帮助和指导,对学生的学习情况进行详细的了解与调查,利用自己掌握的知识解决学生在学习的过程中所遇到的复杂的问题,以推进学生学业的进步。学生可根据自身学习任务的完成情况,选出较为可行且颇有成效的研习过程向全体同学展示,教师利用现代多媒体教学设备,使全班学生都能对其他同学的学习情况有一定的了解。学生在此基础上,可以对他人的学习过程进行评议,在此过程中,教师可进行适当的调整和评价,以启发全班同学进行更为深层次的思考,提高学生整体的思维方式。

在语文课堂教学过程中,学生主动参与性越高,其课堂教学的效果就越显著,就越有利于激发学生课堂学习的内在兴趣。教师在课堂上要通过多种手段鼓励学生进行自主探究,善于思考,多多提问,只有在思考与探究中,才能养成学生勤于思考、善于学习的习惯,培养学生良好的学习品质。教师在指导学生时要注意启发式教育,让学生形成独立思考问题的能力。如果不行,教师可以适当为学生提供思路,要根据学生的个性特点提供不同的思维方法。只有在学生自我思考的基础之上,才有与别人的合作与交流,发挥学生的个人潜能,才更容易实现课堂的有效教学。

(二)构建自主合作探究的模式

新一轮课程改革要求解放教师和学生,提倡师生间的有效探究与研讨,突出学生的主体地位。小学语文科目的教学设计,要符合现阶段学生身心发展和语文学科的特点,更加注重学生的个体差异性,积极保护好学生的求知欲,激发学生的主体性,充分利用课堂进行合作探究,促进语文课堂的转变与新式教学模式的形成。

1.创设教学情境,倡导合作学习

目前比较流行的新课堂教学模式是"小组探析,合作生成"式。教师应指导学生建好学习小组,以5—6人为一组,重点培养好小组长、在课堂上把握合作探究的时间,更要精心设计问题。例如,在学习统编教材二上《妈妈睡了》一课时,笔者设计了小组讨论任务单:"你从课文哪些内容中感受到妈妈的劳累,为什么? 请找出相关语句,读一读、画一画、议一议。"以小组合作形式进行探究,问题设置要具有一定目标性,要把握其程度始终处于学生潜在接受能力的边缘,使学生处在通过努力便可以获得知识的愉悦感中,收到良好的学习效果。

2.自主探究性学习

在探究式学习中,强调教师要适时谨慎地进行有效的指导,以便让学生充分体验探究的乐趣。教师通过教学理论了解学生对知识的理解程度,再以一个朋友的身份适时地、平等地与学生进行对等的讨论。由于学生相关知识背景的缺失,教师丰富的教学经历,戏剧性变化往往因教师与学生的碰撞而令整个研讨过程擦出思想的火花。如经典故事改编课本剧《将相和》一课,学生根据3个小故事自主选择改编成课本小短剧进行演绎,人物语言对话可以进行大胆设计,根据人物的突出性格特点塑造角色,学生的自主探究合作学习为整个课堂带来意外的惊喜。作为任课教师,就是要努力地创造一切条件让学生在小组讨论中相互影响,充分发挥自己的个性优势。在共同的学习活动中,学生能去粗取精、去伪存真,努力地探求与思考。举个例子来说:在组织学生小组学习的基础上,提倡组内学习与合作,组间竞争,效果明显优于单纯的竞争。这样大大激励了学生学习的积极性,并且提高了课堂教学的效率。

3.合作交流性学习

解决新问题永远是课堂教学的主要目标,当学生独立思考无法解决,就需要学生努力寻找合作伙伴或寻求教师的帮助。合作式探究要把学生在平时学习中遇到的问题放在小组内探讨,寻找解决途径,教师所做的就是要协调好组内成员相互之间的配合。新知识是在旧知识的基础上不断累积出来的,学生在进行交流后能解决一些问题,只要让学生在组内交流一下自己的想法,教师稍加辅助点拨,学生即可融会贯通,形成对某一问题的新认识,学生的能力在此基础上得到发展。教师要加入学生的小组中,以一名旁观者的姿态出现,引发学生对探索的共鸣感。教师在练习的过程中也要让学生展开合作学习,使学生在独立解决问题的基础上,组织小组讨论与交流,这样有利于解决问题,有效地提高课堂教学效率。

(三)开展形式多样的实践性活动

1.有效利用各种学习资源做好预习准备

在课堂上要促成学生的提问,以改变问题的呈现方式,课堂结构也会发生翻天覆地的变化。学生的提问使得课堂由学生自己主宰,教师的日常讲授变成师生对话。在教师授课前,学生通过学案等教师提供的资源主动预习所学的内容,学生先自学教材内容,独立阅读大胆思考,并把发现的问题记在书本上。鼓励学生动手查阅资料,课堂上鼓励学生大胆质疑,教学结束后,留有一定空间让学生提问,使教学过程充满学生主动探究的过程,以培养学生勤学好问的探究精神。

2.多尝试实践活动性学习

努力实践、活动探究是新课程改革指导下一种学习的有效途径。学生把课堂中学习到的传统文化知识以不同方式展现,如给古诗配图,完善对古诗和古文的理解,将更加有助于培养学生的创造力;分组制作传统节日小报活动,学习目的在于让学生以更加鲜活的方式,展示学习成果,注重培养学生围绕一定的主题进行探究,并使学生留有余地进行自我剖析与认知。

如果学生所学知识都能在课堂教学过程中消化好,课后的负担一定会大大减轻,而减轻学生学业负担的关键就是要教师提高课堂效率。一堂课是否高效,看学生的上课状态便能知晓。如果课堂上绝大多数同学都兴致勃勃,眼神里散发着求知的目光,主动跟随教师一起思考问题,学习知识,这样的课堂一定是高效的;反之,如果一堂课下来,学生无精打采,眼神迷离,从始至终都在被动地接受知识,那这样的课堂一定是低效甚至是无效的。为了改变这样的状况,教师一定要提前做好学情分析,用心积极钻研教材、吃透教材,努力把握好教学目标,根据不同的教学内容选择合适的教学方法,让学生在课堂上经常感受到一些"惊喜",不断通过激发学生的学习兴趣与求知欲望来提高课堂效率。

(四)预习讲究任务驱动,激发兴趣

低学段语文预习往往形式单一,如注重字词学习和课文朗读等,这样中规中矩的预习方式无法调动学生在学习新课之前的积极性。教师应根据本单元的语文要素,围绕本课的教学目标,贴近学生生活,设计预习任务。每个学生的能力都有差异,预习任务可以进行分级设计,学生可根据自己的情况,自主选择任务,为学习新知做准备。以《我是一只小虫子》和《中国美食》为例,教师可以把《我是一只小虫子》课文中的预习任务分为三个级别,"小虫子幼儿园"的任务是对课文的整体感知,在对课文整体感知后,对"当一只小虫子好不好"进行具体分析,"小虫子大学"的任务是学生在完成上述的任务后,通过课外阅读,感受拟人化的写法,发挥想象,感受生活,为培养"运用词语把想象的内容写下来"的能力做准备。这样的预习作业设计在语言和形式上,都能极大地吸引学生的注意,引发他们的预习兴趣。同样,《中国美食》识字课的预习任务也可以设计成三个级别,"卖菜员"主要能认识课文中的食材,"厨师"在"卖菜员"的基础上,要知道几种烹饪方法,"美食家"不仅要了解食材和烹饪方法,还要知道选用合适的烹饪方法制作美食,学生可以通过查阅字典或工具书以及生活经验等方式理解各种烹饪方法的含义。这样的预习作业,特别受学生欢迎,他们争抢着通过自己的努力一步步成为"美食家"。有了学生这样主动的预习,课堂上教师的教学将会事半功倍。

（五）课堂教学中注重游戏串联，玩中有学

如今教育正在发生巨大的变化，正朝着逐步顺应儿童的天性和发展规律的方向，为儿童快乐地学习而努力。游戏化学习的目的是让学生积极主动地参与学习，学生不再是听众，而是自发自主地去学习知识。教师的教学设计要"铺情境为链，串游戏为珠，增进体验，发展思维，培育情感"，从而"提高语文素养，让情趣与知性共生"。以《中国美食》为例，课堂中以"我会认菜""我会放菜""我会送菜""我会做菜""我会写菜单"几个游戏串联。这样的课堂设计在学生看来是在玩，其实每一个设计背后都对应着这节课的教学目标，都是为了学生学习掌握知识而设计的。我们提倡课堂教学高效，平时总是强调要让学生积极主动地投入到学习中，设计各种环节组织活动或者进行游戏，但是未曾考虑到这些游戏和活动带来的效果。我们不能停留于表面的活动或游戏，不能只是流于形式地让学生参与活动或者游戏，更应该关注这些活动和游戏实施后的效果。游戏化学习中提到的参与，其目的不仅仅只是为了调动学生的学习积极性，更重要的是让学生有提高、有收获，真正地将教学目标落实到每个学生的身上，让每个学生能够在游戏化学习中提升自我。

（六）作业设计中不断创新，拓展思维

传统的语文作业有大量重复性的读、抄、背，学生因此对作业产生一系列负面情绪，甚至影响了良好的师生关系和亲子关系。笔者抓住学生"兴趣为王"的学习特点，从作业的趣味性入手，尝试设计有趣的作业，期待将学生从"不想做作业"的旋涡中解放出来，变成抢着做、急着做，进而确立学生在语文学习过程中的主体地位。笔者认为有趣的作业要体现自主性、开放性、创新性、趣味性以及课堂的延续性，要重思维、促成长。

如在《中国美食》中有这样的作业设计：请你为餐厅加几道中国美食，以4人小组为单位，合作完成今天的"满汉全席"。为了给餐厅加菜，学生铆足了劲儿，运用自己的生活经验或主动去餐厅了解更多的菜品和烹饪方式。这样的作业形式一下子就把学生的兴趣调动起来，但是要完成这个作业，学生需要头脑风暴餐厅中都有哪些菜品，要为菜品分类，在给菜品分类的过程中就必须用上课上学习的知识，最后还要写菜名。其

实作业内容还是原来的,只是由于作业形式变了,学生的关注点就变了,他们不觉得自己是在做作业,而是在完成一件有趣的任务。无论是什么类型的作业,都要有一定的反馈和评价,展示作业是一种非常有效的方式,既鼓励了完成作业的学生,又可以让其他学生通过参观同伴的优秀作品反思自己的作业中的不足并及时作出修改。

总而言之,任务驱动式的预习、注重游戏串联的课堂教学、新颖有趣的课后作业是提高语文教学效率的关键点。每一课的语文教学,都要从学生的需求出发,教师要对预习、课堂教学过程和作业进行创新设计,使语文教学轻装上阵。

第二节　基于"双减"背景的小学语文课堂教学改革

一、"双减"背景下小学语文课堂教学改革理念

"双减"政策的出台有效缓解了义务教育阶段中小学生的课业压力,对全面提升素质教育有积极的现实意义。一直以来,繁重的课业压力让广大中小学生和教师、家长苦不堪言。小学阶段是孩子健康成长的关键期,繁重的课业压力不仅不能带来整体教学质量的提升,反而会让学生的学习效率大大降低。因此在"双减"背景下,探索小学语文课堂教学改革势在必行。

(一)"双减"背景下小学语文课堂教学改革的总体理念

理论引领行动,小学语文教师在教学实践中要明确语文素养的培养在小学生语文学习中的重要作用,靠刷题以及填鸭式教学只能培养出高分低能的"好学生"和对语文学习丧失兴趣的学习机器。有的教师求分心切,眼里只看到学生的分数,而忽略了对学生语文素养和学习兴趣的培养。

小学阶段的语文教学需要重点培养学生掌握一定量的字词,让学生拥有较强的口语表达能力、简单的作文应用能力、读写速度、一定的文言

文理解能力以及课外阅读的兴趣等。这些都是在"双减"背景下要不断坚持和推进的重点教学内容。教师靠刷题和填鸭式、灌输式的教学当然可以让学生机械式地提高考试分数,但却在一定程度上加重了小学生的课业负担,让部分学生丧失了语文学习兴趣,也与素质教育的总体育人方针相背离。

(二)引导学生开展合作式学习,把握教学重点

只有想学,才能学好。在小学阶段开展合作学习可以让学生在相互交流、讨论和争论中发现问题,在尝试解决问题的过程中实现共同提高。这在儿童心理上也是一种满足归属感的需要,让自己能够产生影响他人的自豪感,同时在交流和互助中提高人际交往能力。教师只有使学生自主融入参与到整个教学过程中,才会最大限度地激发学生的学习热情,变被动灌输为主动输入。

在学生的合作学习中,教师扮演的角色应该是引领学生学习方向的导师,要有意识地引导学生有序地结合小学语文教学的重难点展开讨论。小学语文教师要根据部编版教材的编写要求和明确的备课指导来安排学生的合作式学习内容,紧抓单元要素以及人文主题,并结合课后语文要素的提示内容来安排合作式学习的重点和难点,使学生在发挥自主合作学习能力中不过分偏离教学目标,整个合作式学习就像一艘由教师和学生共同驾驭的小船,学生负责在合作中整合节奏奋力划桨,而教师则充当小船的舵手掌握前进方向[①]。

(三)运用多种课堂评价方式保障课堂练习

在"双减"背景下,小学语文教师要把握好"减"与"增"的辩证关系。教师对课件盲目地引用和拓展以及缺乏系统的解析说明、无效的课堂问答环节,还有平时与课堂内容无关的情境对话等都可以列入"减"的范畴中。而必要的课堂练习是加深学生对课堂重点内容的理解,帮助学生掌握重难点内容的重要抓手,不仅不能减,还要在减轻学生作业负担的前提下,利用有限的课堂时间适当地增。在小学三年级以后,教材统编练

①代家凤. 效率取向的小学语文课堂教学改革研究[D]. 天津:天津师范大学,2012:12-15.

习册中有大量的能力培养和测试的习题,要求学生在课堂练习环节完成课文精讲部分的内容,实际上有经验的教师可以结合教学目标有针对性地对这部分练习进行筛选,这样既能突出课堂教学内容的重点,又能大大地减轻学生的课堂负担。

在小学五、六年级培养学生的写作能力是一项重点教学内容。写作能力主要包括安排结构能力和细节把控技巧两个方面。在小学高年级阶段要在大作文的训练中培养学生的安排结构能力,教师需要在平时的课文精讲中细致拆分课文的结构要素,通过课后学生的作文练习,逐渐让学生掌握文章的结构要点。在那些偏重细节描写的课文精讲过程中,有意识地让学生分析课文中细节描写的著名段落,从语言、肖像或动作中自己动笔刻画练习,鼓励学生模仿这些名篇佳作来创作自己的作品。经过这些练习,小学阶段的作文结构和细节才能更好地被学生消化、吸收和掌握。

(四)"双减"背景下的作业安排

减轻学生的作业负担绝不是简单地减少作业的总量,让学生回家无事可做。在减少硬性的课后作业安排的同时,可以要求小学生在家长帮助下掌握字词、书写笔画,这样重复的机械练习少了,却能适当增加"家校共育"的互动场景。机械反复的书面作业减少了,省出的时间可以让孩子在游戏中增强体质,增加孩子与家长之间轻松的交流沟通,有助于孩子良好性格的养成以及"家校互动"式教学的全面展开。

二、"双减"背景下教师进行语文课堂教学应遵循的基本原则

(一)寓教于乐

想要更好地落实"双减"政策,并不是一味地阻止学生参与课外补习和减少作业量。教师必须清楚一点,作业的目的就是辅助教学的,毕竟课上的时间有限,如果课后一点也不复习,单纯靠课上的时间是很难让学生对于所学的内容融会贯通。但是课后作业并不意味着负担,想要减负,教师就应该学会寓教于乐。兴趣本就是最好的老师,学生有兴趣,自

然就不会觉得学习是负担。小学语文教学内容枯燥乏味,很容易让学生厌烦,因此在课上教师应该更注重兴趣培养,通过情景演绎、角色互换等趣味十足的方法,提高学生的学习兴趣,不仅能够让学生课上更加专注,同时还能够让学生喜欢上语文,愿意学习语文,从而提高学生的课堂积极性,提高课堂效率。

(二)因材施教

在小学语文教学的过程中,因材施教尤为重要,根据学生的差异性开展教学,可以更好地帮助学生建立自信,同时还能够充分发挥学生的长处,取长补短,借助优势带动学生综合发展。因此,教师应该充分了解学生的学习情况。例如,有些学生善于口语表达,那在课堂上就可以多给这类学生展示自我的机会,并适当提高难度,让学生敢于挑战,不断进步。但如果是不善言辞的学生,教师就应该从基础问题入手,引导学生一步一步地学会表达和建立逻辑思维,而不是什么问题都问,让学生越来越抗拒开口。因材施教能够让学生了解自己的长处,并敢于面对自己的短处,最终通过教师的辅助弥补自己的短板。这样的教学方法有利于减轻学生的学习负担,让学生能够更有针对性地提升自己,从而促使学生不断进步。

(三)结合实际

语文教学的目的不仅是让学生学会基础的理论知识,同时还要锻炼和提升学生的阅读理解能力和语言表达能力,锻炼学生的逻辑思维和想象力。语文是一门综合性质的学科,学好语文对学生学习各科知识都有极大的作用。因此,在进行语文教学时,教师应结合实际生活,锻炼学生学以致用的能力,从语文教学中探究人文素养,提高学生的思想教育。只有让学生了解语文与生活的联系,才能更好地理解和应用,从而培养学生的学识和气质,即所谓的"腹有诗书气自华"。学生通过掌握语文知识,理解人生的道理,提高综合素质的同时锻炼了心境,身心也会得到健康发展。

（四）翻转课堂

想要减轻课后的负担，课上就必须提高效率，因此教师应该利用翻转课堂的方式，将课前预习以及探究的时间放在课下，而课上只需要学生带着问题与教师一同学习和探讨。这样就能够充分发挥课堂的实效性，不仅能够让学生有针对性地学习，同时还提高了课后作业的趣味性和目的性。随着时代的发展和进步，教师必须转变传统思想，学会利用多媒体等信息技术不断地创新教学模式，从而更好地开展教学。

三、"双减"背景下小学语文课堂教学将面临的变化

"双减"背景下学生的主体感受和主体地位被放在教育发展的首位，培养能够伴随终身发展的核心素养是重要的教育教学目标。在不增加学生学习负担的情况下保证学生核心素养的养成，不仅需要教师做好充足的课程教学准备，也要不断提升自身的教学素养与职业能力。通过精简课程教学内容，丰富课程教学活动、手段以及教学策略等方式，全方位调动和激发学生的学习积极性，促使学生主动养成良好的自主学习习惯，帮助学生收获课程知识与学习能力，促进学生核心素养与综合素质能力水平的全面发展。

四、"双减"背景下的小学语文课堂教学现状反思

"双减"背景下想要提升小学语文课程教学实效性，遇到的最大问题就是如何在不增加学生课业负担和学习负担的情况下，保证课程教学质量与教学效果，以及如何改革与创新课上课下作业的安排与设计等。教师作为直接引导学生完成课程知识学习的引导者，采用科学合理的教学策略不仅能够让学生主动配合教师完成课堂学习任务，也能够积极表现和参与学习互动，收获更多学习能力与核心素养。其间，学生的学习态度和教师的教学方法都是重要的影响因素。

五、"双减"背景下的小学语文课堂教学改革策略

构建高效率课堂与减轻学生学习负担是"双减"政策的核心主题，在"双减"背景下，强化小学语文课堂教学创新改革，能够在不断提升课程

教学质量的基础上全方位减轻学生的课业负担,进而促使学生在轻松的课堂学习环境中收获语文知识,形成良好的核心素养与综合能力。

小学语文课程教学注重对学生文化素质和知识应用能力的培养,在"双减"背景下强化对课程教学的改革与创新,能够在适应时代发展和教育需求的基础上为学生营造更加舒适的学习环境和课堂氛围。为此,强化小学语文课堂教学创新改革,全面落实"双减"政策内容和课程教学要求,能够在充分培养学生语文核心素养的同时,促进学生语文学习能力和综合素质的全面发展。

(一)"双减"背景下的小学语文课程教学改革策略

1.明确教学目标,丰富课前引导

明确小学语文课程教学目标,贯彻落实"双减"政策与小学语文课程教学要求,运用合适的课堂教学设计,完善课程教学策略与教学手段,激发学生的课堂学习积极性。能够在不断丰富小学语文课堂教学内容与策略的基础上,确立学生的学习主体地位,促进学生学习能力与核心素养水平的不断提升与进步。

第一,根据当前学生的学习发展需要,制定清晰、完整的课程教学计划与目标,通过优化课程教学手段、丰富课程教学活动与内容等方式,提升课堂教学质量。其中,在课前引导的设计方面可以重点研究,确保学生快速进入课程学习状态,进而保障课程教学质量。第二,采用一些学生比较喜欢或者容易接受的课程教学策略,确立学生学习主体地位的同时,引导学生自主探索和研究课程知识。小学语文课程内容本身蕴含大量的文化元素和精神内涵,不仅能够增强学生的内驱力,也能够让学生在不断的探索与实践中收获文化知识和文化素养能力。第三,加强课前引导与课程教学中的互动,让学生充分感受到教师对自己的关注,同时结合学生的学习表现,激励学生课上积极主动完成课堂学习任务,课下积极学习和积累更多的语文知识。

例如,有关学生阅读和表达学习能力的培养,教师可以结合口语交际课的主题内容和学生的阅读喜好,为学生准备一些趣味性强的课前引导读书活动,采用驱动式的教学策略配合信息化技术手段,全面激发学生的阅读和表达积极性。为了加深和巩固学生的学习印象,先为学生播放一些准备好的小短片或者故事情节,引导学生发散思维回顾和整理之前学习过的课程内容。对于课堂上的阅读交流互动,教师可以充当引导者,观察学生在课下的预习和自主阅读状况,同时点拨学生在自主学习过程中遇到的问题。对于自主积极性不强的学生,可以利用视频、图片的主体内容迅速吸引学生的注意力,然后抛出一些合适的问题,让他们进行独立思考,调动并提升学生表达交流的积极性,这样能够在减轻学生阅读理解负担的基础上,引导学生掌握正确的阅读理解学习方法、思路以及自我学习的能力,促进学生阅读能力和表达能力的全面提升。

2.挖掘教材内容,丰富课堂活动

当前"双减"背景下,从课程教学标准到教材内容都有了不同程度的改进,为了进一步彰显素质教育、知性结合、能力为重等教育发展目的,强化对教材的挖掘,能够有效提升课堂教学质量与效果,发挥小学语文课程教学的实效性作用。比如,传统教材内容比较注重基础课程知识的讲解,对于一些互动性的课程内容安排得相对笼统,教师可以针对当前教材内已有的活动设计,再引入丰富的课程设计和教学元素,以增强学生的体验感受,开阔学生的学习思路。将教材进行多元化的补充和延伸,不仅能够让学生体会到语文课程知识学习的乐趣,在教师选用更加贴合学生生活实际的教学案例后,学生还能够更加真切地体会到语文知识在生活当中的应用。其中,教师还可以采用如思维导图、任务驱动和互动引导等教学策略,丰富课程教学设计和活动内容,充实学生对课程知识的理解,进而在循序渐进的引导中营造良好的课堂教学氛围,确保学生在趣味性强、学习元素丰富的课堂环境中扎实掌握课程知识和学习内容。另外,教师也要不断强化对学生自主学习意识的培养和锻炼,通过增设一些阶梯形的课程教学任务,让学生主动挑战自己、不怕困难,成为一名具有自主上进意识和学习探索习惯的高素质人才。

(二)加强教育互动,培养核心素养

"双减"背景下,想要充分培养学生的核心素养,可以通过强化与学生之间的互动交流来实现。在学生的学习成长中,教师的教学态度和教学方法也是影响学生学习体验的重要因素,想要充分为学生减轻学习压力与负担,就需要经常与学生进行互动交流。这样不仅能够促使学生更加积极主动地应对学习问题,也会更加乐于探索和解决学习困境和难题,进而形成能够伴随终身发展的语文核心素养。在与学生强化交流互动的过程中,教师可以通过课堂教学评价和交流增加与学生的互动机会,进一步引导和鼓励学生完成学习任务。

比如,课堂教学期间,很多学生在个人任务完成后会比较在乎教师对自己的评价,教师可以设立一些具有挑战难度的学习问题,既能够充分锻炼学生的实践问题处理能力,也能够增强学生的学习信心与学习成就感,让学生在不断挑战自我和学习成长中形成良好的自主探索习惯和思维意识。或者教师也可以在课堂教学中创设一些有利于学生之间互动交流的教学活动情境,让学生在良好的课堂学习环境中主动交流和分享自己的学习成果与想法,教师在适当的时机肯定和鼓励学生的想法和进步,进一步促进学生学习能力与语文核心素养的全面提升。"双减"背景下,重视对小学语文课堂教学改革的创新与完善,能够在不断丰富课程教学活动与内容、调动学生学习互动与探索学习积极性的过程中,促进学生学习能力与核心素养水平的不断提升。

（三）提高课堂趣味性,让学生对课堂更感兴趣

在进行课堂讲解时,教师应更注重课堂的趣味性。所谓趣味性,就是借助情景重设、角色扮演等方式,帮助学生代入到语文课文的内容当中,身临其境地感受文章的含义,体会文章人物的性格,了解作者写作的深刻内涵,通过这样的方式,提高学生的阅读理解能力以及语言表达能力。除此之外,教师还可以通过游戏教学等方式,进行课堂练习、背诵检查等。例如,在学习《两小儿辩日》这篇文言文时,为了更好地让学生理解晦涩难懂的文言文,教师可以先让学生根据自己的所学知识对"太阳什么时候离我们更近"这一话题进行辩论,通过学生自由发言,还原文言文场景,然后进行文章讲解。讲解后,大家再集中讨论,在自己理解的基础上充分发挥,自由分组,还原文言文的场景,从而加深学生对文言文的印象。最后,教师可以通过快速抢答的方式进行文章回忆。这样不仅能够

让教师了解学生的记忆情况,同时还能够让学生粗略背诵,产生联想记忆。教师通过这样的方法,有效地提高了课堂的趣味性,同时也让每一个环节都更有目的性,既能够让教师更好地把握课堂教学进度,又能够让学生积极参与,从而充分调动课堂教学氛围,提高课堂教学效率。

(四)优化作业安排,翻转课堂教育

教师应该优化作业安排,明确作业目标,通过翻转课堂的方法有效地提高课堂效率。在设计预习性质的作业时,教师应以问题进行引导,让学生有目的地预习,从而方便翻转课堂时学生能够参与到讨论当中。例如,在学习古诗词《题西林壁》这一内容时,教师应该让学生自主探究,了解作者生平以及诗词创作背景,并尝试翻译诗词内容,总结诗词所表达的深刻含义。学生通过预习,做好相关记录,在课堂上教师就可以直接让学生自由发言,回答这几个问题,并进行讨论和探究。通过学生的回答,教师可以更好地检验学生的预习效果,同时也能够更好地了解学生的不足,并进行相应纠错、指导和总结。除了预习作业外,教师在设置复习以及练习的内容时,也应该注意分层式设计。例如,教师可以将复习作业设置成闯关游戏的方式,初级是基础内容,应保证所有同学都必须掌握,中、高级加大难度,主要目的就是了解学生的掌握情况,了解学生有哪些不足等。而这样的方式不仅是让学生能够尝试挑战自我,同时也是为了帮助教师摸底。通过这样的设计,教师能够更好地掌握学生整体的学习动态,从而根据实际情况进行教学挑战。但需要注意的是,教师应该及时根据作业完成程度给予学生评价,积极地鼓励学生学习和进步。如果教师不能及时引导,学生很容易产生惰性心理,这样就会让分层式设计失去意义,同时也不利于教师教学的开展。教师通过这样的作业优化,在课堂上只需要负责引导、指正、纠错和评价,不仅能够更好地提高学生的自主学习能力,将课堂的主体还给学生,还能够让教师更了解学生,因材施教,有目的性地进行辅导和指导,高效地完成教学任务。

(五)结合实际生活,帮助学生更好地了解文章内容

随着我国教育事业的不断发展,很多小学生对语文知识的理解已经

不再仅仅局限于课堂,他们已经初步具备了细化语文知识的能力,同时学生的语文学习需求也日益增长,传统的小学语文教学已经很难满足。学校不仅是学生生活和学习的地方,更是接受德育培养和思想培养的场所。因此,作为小学语文教师,应该在课堂中合理融入生活元素,丰富教学手段,有效帮助学生加深对生活的理解,树立正确的价值观念。例如,教师在讲解《燕子》一课时,完全可以根据课文内容,引导学生展开联想,教师可以让学生充分发挥想象,将课文的内容通过图画的方式画出来,然后一起讨论燕子是从哪里来的,什么时候回来北方,什么时候又会飞回南方,燕子在飞行的过程中,有哪些特点。通过这样的问题,引导学生思考其中蕴含的生活道理。这不仅能让学生对外界事物产生科学判断,还能帮助学生更好地理解文章内容,加强学生的观察能力和总结能力。

(六)立足教材内容,开展合作学习

在小学语文教学中,教师可以开展合作学习,让学生在互相讨论和交流的过程中发现问题、解决问题,实现学生的共同进步。当学生自己的观点受到教师和其他同学的肯定时,这有助于学生建立自信,同时也能有效加强学生的语言表达能力和沟通能力。另外,教师还应该努力激发学生对语文学习的积极性,重点提高学生的主观能动性,增强学生的课堂参与感。在学生进行合作学习的过程中,教师应该作为引导者,在学生遇到困难时,予以及时正确的指导点拨,并有意识地引导学生对教学内容中的核心知识进行有序讨论。在学生展开合作学习之前,教师还应该严格按照教材内容和要求,合理布置具体的讨论内容,以本单元的知识要点为基础,深度挖掘其中蕴含的人文元素,为学生安排合作学习的重点,从而保证学生在合作学习的过程中不会出现"跑题"的情况。例如,在学习《慈母情深》一课时,教师就可以让学生自由讨论:为什么最后母亲将钱给了作者? 作者说没有权利再用这个钱买任何别的东西,无论是为了自己还是为了母亲,这是什么原因? 学生通过对这些问题进行探讨,可以更加理解文章含义以及母爱的伟大,从而进行情感升华,学会感恩父母。在这个过程中,每个学生都可以畅所欲言,大家一同讨论,教师及时引导和点拨。如果将语文合作学习比喻成一艘向前行驶的小船,学

生进行合作学习的过程就好比共同划桨,而教师则在小船中起到舵手的作用,为整艘船不断校正前进的方向。

(七)适当增减,提高学生写作能力

在"双减"背景下,小学语文教师应该对传统教学方法作出适当增减。如盲目运用电脑课件的课外拓展、缺少深入讲解的说明、无用的课堂提问等,这些无关紧要的教学方式都可以被适当减掉。而科学有效的课堂练习能帮助学生更好地理解知识,这非但不能减,反而是要在不增加学生课业负担的情况下,适当在课堂教学中予以增加。从小学三年级开始,语文教材配套练习册中增加了一些培养学生语文能力的习题,这不仅要求学生深入认识教材内容,还要具备一定的语文能力。对此,教师可以从具体的教学目标入手,有选择性地筛选出一些有代表性的习题,为学生展开专项练习。这不仅能充分突出教学重点,还能在很大程度上减轻学生的学习负担。随着学生迈入五年级,语文写作逐渐成为小学语文教学中的重点内容。为了培养学生良好的写作能力,教师应该从结构能力和细节把控方面入手。教师可以在课文讲解过程中,将课文进行详细拆分,让学生充分了解每篇课文的结构要素,并有针对性地为学生布置作文作业,让学生在写作过程中逐渐提高自身的结构能力。而对于那些侧重于描写细节的课文,教师可以在细讲的同时,有意识地引导学生对细节描写比较出众的段落进行反复赏析,从文中人物的动作、语言和外貌描写等入手,让学生进行仿写,全面增强学生对写作的细节把控能力。只有这样,学生的作文结构和写作细节才能得到真正提升。

综上所述,想要更好地在"双减"背景下开展小学语文教学,教师就应该坚持寓教于乐、因材施教、结合实际、翻转课堂四项基本原则,从提高学生学习兴趣出发,借助情景模拟、角色扮演、趣味游戏等方式提高学生学习积极性,借助合作教学、翻转课堂、评价教学等方式,引导学生提高自主学习和探究的能力,从而更好地提高学生的综合素养,提高课堂教学效率,真正做到减负又不耽误学习,从而实现教育的最终目标。

第三节　基于"双减"背景的小学语文教学课堂设计策略

"双减"政策的提出对教师的教育教学提出了新的挑战,尤其对在实际教学过程中如何落实新的教育理念成为语文教师亟待解决的难题。作为一线教师,我们要在熟悉相关政策的基础上,坚持以立德树人为导向,以促进学生全面发展为本,以课程创新为契机,深入研究课堂教学,努力创新教育教学形式,建构高效课堂,设计好每节课的教学目标和学生活动,优化作业设计,切实减轻孩子繁重的作业负担,让他们有更多的时间和机会去了解多彩的世界,能够更好地进行个性化发展。

一、创新教学方式,激发学习动机

学习本来是一项快乐的活动,一旦采用灌输式、填鸭式的学习方式,就会让学生从主动学习变成被动接受和枯燥无味,学习也就失去了原本的快乐。"双减"政策的落地,让我们改变枯燥无味的学习方式,增强学生学习的主动性,使学生产生努力学习的愿望,让乐趣在学生心中产生。为此,作为教师,我们要不断创新教学方式,不断激发学生学习的动机,让学习变成主动和快乐[①]。

(一)创设情境,让学生乐学

"兴趣是最好的老师。"学生有了兴趣,才会产生强烈的求知欲,主动地进行学习。在语文课堂教学中,力求做到让教学内容变得鲜活,让学生学得兴致盎然,使学生在语文学习中享受学习的乐趣,从而提高学习的动力。

如在教学《普罗米修斯》一课时,在课前师生可以共赏奥运圣火传递的视频,了解火在人类发展过程中的重要意义。在导入新课时,采用了故事导入法,告诉学生今天老师带他们走入神奇的希腊神话王国,然后展示一些希腊神话的图画,学生一下子就被吸引住了,他们的学习兴趣

①马志秀.小学语文课堂运用多媒体技术的教学设计[J].科技视界,2013(31):296.

也会被激发,在此基础上,揭示课题。这样的教学,学生就会容易入情入境,展开想象,与简单的讲述相比较更能激发学生的灵性,开启学生学习之门。

(二)发散思维,让学生互学

在语文教学中,构建语义的理解、体会,要引导学生仁者见仁,智者见智,各抒己见。教师应因势利导,让学生对问题充分思考后,根据已有的经验、知识的积累等发表不同的见解,对有分歧的问题进行辩论,引发他们的认知冲突,激发他们的参与热情,在"舌战"中,加深对语文知识的理解,让他们在"疑"中启思,在"辩"中增智。

这样的课,气氛活跃,开放的互动形式给了学生更多的自主学习空间,教师也毫不吝惜地让学生去思考、争辩,真正让学生的思维在无拘无束的讨论中碰撞出智慧的火花,给课堂教学注入生机。

(三)表扬鼓励,让学生爱学

让学生乐学、互学,还要让学生多体验成功和进步。在学生取得进步的时候,多给学生一些鼓励和表扬,让学生品尝更多成功的喜悦,同时给学生提出合理的目标或期望,能够激发出学生自信和积极向上的进取力量。教师在教育教学中不要吝啬你的表扬和鼓励,对于学生来说,教师的表扬和鼓励就是那永不干涸的露珠,就像杜甫的诗句:"好雨知时节,当春乃发生。随风潜入夜,润物细无声。"真诚的鼓励和表扬,便是那知时节的好雨,这好雨定能滋润学生这片充满生机的心田,使这片心田结出累累硕果。

(四)树立榜样,让学生会学

我们常说"榜样的力量是无穷的",小学生许多学习是从观察、模仿别人开始的,如果自己缺乏成功的体验,那么,就可以从他人的成功中寻求通过努力走向成功的经验。所以为学生树立成功的榜样同样能够帮助学生树立信心,激发其学习的动力。榜样不需要刻意寻找,他们的身边就有榜样,用学生身边的榜样进行示范教育是最简洁、最有效的方法。

（五）调节情绪,让学生努力学

教师要引导学生用一种积极的态度去面对学业的挑战,不要老想着逃避困难,而是要想着怎样去克服并战胜它,因为学习的过程不仅是知识吸收、能力提高的过程,更是毅力、品格等非智力因素锻造的过程。要让学生快乐的学习,教师不仅要转变观念,付出更多的体力、爱心,还要对学生学习方法的指导、思维方式的培养以及学习行为的激励等方面给予更多、更巧的引导,使学生真正挖掘出自身的潜力,从而能够获得全面的发展。

二、变机械抄写为自主探究

我们不可否认,为了让学生记住某些词或者句子,机械抄写是最有效的办法。但机械抄写不能过多,要做"减法",作业要科学适度,要依据学生的年龄阶段和对知识的接受程度来布置作业。作业形式和内容要力求创新,因人而异,因材施教。针对不同素质的学生可分层设计作业,以真正实现作业布置的高效性,让学生不必通过过多重复性的作业也能掌握知识,可以通过完成多元趣味的作业来提高能力。

（一）增加项目任务,驱动合作实践

语文课程教学中运用任务驱动教学法,围绕单元整体任务这个中心,从课前、课中和课后三个方面设计教学目标,适度发挥教师的引导作用,运用线上线下混合教学模式,能够更好地促进合作学习,激发学生学习的兴趣,提高学生参与教学实践的积极性。

例如小学语文四年级下册第五单元,学习按游览的顺序写景物,是专门的习作单元,以培养习作能力为核心编排的单元。通过一系列阅读和习作活动,引导学生认识和掌握按游览顺序写景物的方法,并运用到习作实践中去。

先将单元内容进行有机整合,构建实践任务主线,设计出本课程的任务驱动教学法模型。设置以"'文'游秘境饱览美景"为主题贯穿整个单元的大活动,又依据文本和课时安排,分别设立"'文'探美景""'文'话美景""'文'展美景"等环节作为子活动任务。

课前,教师布置任务,让学生以小组合作方式,根据已有知识经验分

析任务,确定问题,拟订完成任务方案。课中,进行"试写初探""赏文探法",再分工合作,进行"迁移用法"。课后,学生就课堂上的评价意见进行修改,"互评互改"完成任务。整个学习活动在合作中探讨,在探讨后仿写,在仿写中品论,让学生自主理解、掌握游记习作经验。这样的项目任务式合作学习,给课堂教学注入了活力,它不仅可以使师生之间、学生之间更有效地进行语言交际,而且还培养了学生的合作意识、团队精神,增强了学生的责任感和主动参与感,进而促使学生相互学习,共同提高,最终使得课堂教学效率获得整体提升。

(二)调动多种感官,促进观察感悟

没有学生积极参与的课堂教学,就不可能具备高质量和高效率。课堂上只有经常性启发学生动手、动口、动脑,自己去发现问题,解决问题,才能使学生始终处于一种积极探索知识、寻求答案的最佳学习状态中。

在学习《海上日出》前,先让学生在课下观察生活中的自然现象,同学之间,亲子之间聊一聊、说一说。课上让学生借助学习单,小组成员共同分析课文中作者是如何观察和描写"海上日出"这一自然现象的。学生阅读和探讨后,发现作者按照早晨太阳变化的顺序,从日出时的颜色、亮光、状态、力量等方面进行描写,着力刻画了太阳在海面下出现小半边脸,一直到跳出海面发出光芒的画面,四个画面条理清晰、特点突出。

教师再引导学生抓住关键词,揣摩按顺序写景物的表达效果,从而让学生感受观察事物的顺序、方法。最后在同学的帮助下,修改自己的观察日记。

这样的习作学习,让学生能够主动探寻方法解决自己的切实问题,能够让学生在构思时有法可依,在困难时有老师的引导和同学的帮助,从而迅速解决问题,形成良好观察和表达的习惯,激发习作兴趣。

(三)增加趣味情致,调动积极情态

基于兴趣的语文课堂才能营造如画的意境、绽放生命的精彩、谱写人文的情怀。

语文课堂需要延展,可以利用课堂的零碎时间进行猜灯谜、唱古诗;利用下课前的几分钟做做成语接龙,击鼓传花背诗词;午间休息后可以说说相声,打打快板等。回家后还可以品尝传统节气小吃,做做有趣的传统工艺等,充分利用一切可以利用的时间和资源,调动学生兴趣,在玩中积累知识。作业设计要通过多种渠道,采用多种方式,让学生亲身体验,进而从不同的角度真正探究语文的奥妙精深,感悟语文学习的乐趣。

三、变生搬硬套为贴近生活,联系实际

语文天然与生活联系在一起,没有生活就没有语文。要树立大语文观念,让语文教育更贴近生活才是根本。因此,语文学习切忌游离于生活之外,要杜绝生搬硬套地学习。在教学中,我们要加强课堂教学与生活的沟通,让学生贴近生活,联系实际,这样才能帮助学生更好地理解课文内容,并真正受到启发,才能赋予课文以生命和活力,更好地揭示其全新的潜在意义。

(一)独具慧眼,观察生活

习作对于小学生来说,总是感觉有困难,不知道写什么。其实,学生写作内容的丰富,来源于他们对生活的积累。只有细心观察,冷静思考,再加上合理的联想或想象,才能让写作内容真实而感人、理智而生动。

在平常教学中要引导学生学会细致观察事物,积极调动各种感官,用眼睛看,用手触摸,亲口品尝,用耳倾听,去充分感受事物的形与味、声与色、动与静等方面的美。课堂上要敢于打破了传统的、纸上谈兵的课堂作文教学模式,可以把生活实物带进课堂,或运用课件展示出来,积极引导学生去认识、探索、思考与想象,并要求学生用自己的语言去描绘看到的、想到的,这样一来学生写出的习作就具有真情实感了。要培养学生在平常的生活中发现"不平常",在平淡无奇的事情里、在熟悉的人群中找到"闪光点",获得"新感受"。

(二)引导实践,体验生活

尝试生活化语文实践。注重生活化语文实践,让丰富多彩的活动与

孩子们的生活相映成趣,把课堂学习与社会生活实践紧密联系起来,把学生领入社会生活的实践之中。教师要多角度、多渠道的开展生活化语文实践活动,让每个学生都有喜欢做的事,了解和发展他们的兴趣、爱好、特长。

可以结合语文教学内容开展如"茶文化""端午文化""诗词文化""西游文化""胡同文化""风筝文化"等多方面的关于中华优秀传统文化的活动,增加学生学习的兴趣,开阔视野,丰富生活,让学生在体验中有所认识,有所感悟。

（三）深度思维,引领生活

加强学生与社会生活的联系,鼓励学生关联课内外资料,多层面地深挖作家信息、相关作品等,激励全方位观察,多角度感知,进而激发思维的广度和思考的深度,感受语文资源在生活中方方面面的体现,以及所蕴含的深刻内涵,提升学生综合学习能力,更好地落实语文核心素养。

例如《桥之思》本是一篇短小的散文诗,教师不仅关注文本内容,还应深入地引发学生对"桥文化"的研究。学生自由成组,分别从桥的"悠久历史""结构造型""沟通作用""品质精神""贸易往来""中外对比"等多方面进行深入探究。学生对主题内容的学习兴趣之高涨以及研究思虑之全面、思考之深入、思维之开阔都令人振奋,师生都从中得到了许多启发。

为了观察桥的造型艺术,学生到颐和园观赏横跨在碧波荡漾的昆明湖上那造型美观、气势恢宏的十七孔桥;来到永定河畔,看夕阳辉映下那工程宏伟、雕刻精巧的卢沟桥,想象燕京八景之一"卢沟晓月"雅趣的同时,还能够遥想历史,对卢沟桥事变和抗日战争多一些认识、理解和思考……

深入生活的综合实践学习使学生能够找到感悟作品的突破口,增强阅读学习的深刻性,进一步提高学生的语文欣赏能力和水平,开阔学生的视野,帮助学生丰富文化认知体系,并且在阅读中获得独特的阅读体验。学生在潜移默化的影响中,还可以丰富自己的文化底蕴。

四、从繁难偏怪到开放多元

校外培训以追求高分为目标,学校教育以提升学生素养为核心,但当前的评价方式还没有完全脱离书面考试的"怪圈",致使繁难偏怪的题目在不同形式的测试中广有市场。"双减"的落地,让校内外教育实现了一定程度上的"统一",重新回到素质教育的轨道。因此,为全面提升学生核心素养,我们要对繁难偏怪的练习做减法,对适合孩子年龄特征的开放多元题目做加法,要多设计有利于提升孩子综合素养的、表达观点、表达见解的题目和作业。

(一)作业布置突出层次性

不可否认的是,学生确实存在认知能力和水平上的差别,我们在作业布置上不搞"一刀切",适当扩大习题跨度,分层次布置作业题型可分必做题、选做题、思考题等几种,必做题和选做题结合。必做题是每个学生都应完成的基础题,选作题只要求学有余力的学生完成。在此基础上,教师根据不同层次学生的学习能力,有的放矢地布置不同的作业,作业量与难易程度要与不同层次学生的实际承受能力相适应。

(二)作业布置突出实践性

设计有"实践味"的作业是提高实践能力的重要途径。强调学生运用学过的知识解决生活中的实际问题,在亲历实践的全过程中增强体验、丰富经验,让学生在"动态"的做事过程中轻松地完成作业,从而使知识真正内化为学生自身的一种工具、一种本领。

教师可以设计"趣味节气活动策划""广播站招募活动""玩转语文实践活动""整理制作毕业纪念册"等一些丰富多彩,又需合作实践的任务。在教师的引导和帮助下,让学生能独立地运用语文知识,体验语文知识、技能的使用,通过各种新颖的形式,在实践中巩固语文基础知识,形成学生自己的语文技能,在增加学生学习兴趣,发展思维能力的同时,将学生从机械重复的传统作业中解放出来,让他们充分领略语文的魅力。

(三)作业布置突出多元性

作业设计可以开启学科融合模式。打破传统学科的壁垒和界限,是课程资源、课程要素和环境整体化产生聚焦效应,促进教学方式、学习方式的变革。全面提升学习创新能力,提升学生综合素养。

如进行《观察日记》学习中,结合科学课观察植物变化的任务,融合了数学统计、科学观察、美术绘制、语文表达等多学科方法,进行观察和统计,发现规律,进行小结。

将知识与生活经验融合,从活动中促进学生对所学知识的理解与建构,形成解决问题的技能和自主学习的能力。活动中所发现的问题,所获得的知识技能,也可以在各学科领域的教学中拓展和加深。

总而言之,"双减"政策促进学生全面发展,对校内教师教学能力和责任心提出了更高要求。我们要充分利用学习资源,为学生开设丰富的课程,科学合理设计和布置作业。笔者希望通过自己对"双减"政策的认识与努力,能为教育的良性发展,能为更好地帮助学生减轻学业负担,满足学生多样化的发展需求贡献力量。

第六章　基于"双减"背景的小学语文作业设计策略

第一节　基于"双减"背景的小学语文作业质量优化

在"双减"背景下,学校应当组织教师切实提高教学质量和优化作业设计。也就是说,教师要根据学生所学阶段的特点,在清楚学生该阶段的学习情况的前提下,研究讨论出最合适的作业分层设计方式以及作业批改形式。在具体的层次设计中,教师应当将作业分为基础题、拔高题、拓展探究题等几个类型,做到严格控制作业总量,严格把握作业难度,严格地进行作业批改和反馈,进而达到提升作业质量的教学目的。

一、"双减"政策的具体内容

"双减"政策主要针对校外培训机构和校内教育两个方面。之前有大多数家长为了不让自家孩子输在起跑线上争着抢着给学生报不同类型的辅导班,这样会致使学生的学习压力越来越大,而"双减"政策推行之后,课外机构被限制了数量、教学时间以及收费价格,被严格控制教学内容、广告宣传,不得随意资本化;学校教育被要求管好教育教学秩序、管好考试评价、管住教师违规补课,需要提高教育质量、提高作业管理水平和提高课后服务水平。如此很好地减少了家长担心自家孩子输在起跑线上的心理,降低了学生的学习压力[①]。

[①] 马秀英. 浅议优化课后作业,提高小学语文质量[J]. 才智,2020(9):136.

二、"双减"政策实行的重要性

(一)给家长带来了好处

第一,"双减"政策的实行为家长减轻了经济负担。原本大多数家长都力争上游报名补课,并且形形色色的培训班报名费都十分高,我国出台"双减"政策后,培训机构数目随之减少。而且培训费用也会不断地下落,经济压力就会有所减少。第二,使学生有了更多的娱乐时间。每逢周末寒假的时候,许多家长都要把孩子送到培训机构去学习,孩子基本没有时间去游玩,不能享受童年的欢乐,"双减"政策出台后,家长们可以有足够的时间去陪孩子,让孩子感受到父母的关爱。孩子的成长有父母的陪伴很好,最起码孩子在成长的过程中不会孤独。

(二)提高学生学习效率,减轻学生学习负担

在"双减"背景下,教师必须压减作业总量,提高作业包含的知识量,并认真给学生批改作业,做好作业指导工作,另外,教师也可以利用课余时间正确引导学生,帮助他们养成良好的学习、生活习惯。减少作业是必须要做的,但是也不能因此放低对学生学习成果的要求,所以教师就必须根据实际情况,通过对学生的学习情况、学习兴趣等方面的了解研究出课堂教学方式以及作业布置方式,使学生在课堂上就能够基本理解和掌握所要学习的知识点。另外,减少作业的数量,就可以使学生有更多地属于自己的时间,像去户外踢足球、打篮球等,这能提高学生的幸福感,减轻他们的学习压力。

(三)回归传统教育的初衷

在"双减"背景下,学校的教育方式也回归了传统教育的初衷,经过测验去挑选才能强的人才。比方说甲、乙两名学生,平常都是周一到周五上学,学生乙的学习成绩更好。可是学生甲却在周末的两天通过补课来进行学习。那么他就通过补课的方法超越学生乙了,考上了更好的学校。"双减"政策整治了校外培训机构,减少了行业内卷现象的发生。

三、"双减"之下提升小学语文作业质量策略

(一)加强课堂效率,减少课后作业

"双减"政策强化了学校是学生受教育的主要地点这一概念。"确保学生在校内学习到足够的知识,学好教师所教授的每部分内容"是实现减负的重要前提,这就要求学校必须加大提升教学质量的力度。作业是教师对学生进行教学举足轻重的一环,具有判断每天需要学习的知识是否已经理解和掌握、巩固知识点和学情分析等功能。教师要明确应该减什么,"双减"要减去过重的作业负担、过长的作业时长、过多的无效作业,并对课堂质量提出了更高的要求。

例如,在进行统编版小学语文四年级上册第六单元《和时间赛跑》课文的讲解时,教师可以在正式讲解课本内容之前让学生猜一个谜底是时间的谜语,不仅能够很好地引出本节课所讲解的课本的困扰中心,还能够给学生创造一个活跃的学习氛围,方便学生在接下来的课堂时间集中注意力跟着教师的思路去思考、学习,进而提高整节课的课堂效率。然后教师可以要求学生在课下完成一些量少且包含着考查基础和需要深层次理解的作业,比如"题目《和时间赛题》具体指的是什么""写出三句你知道的关于珍惜时间的名言"等题目。

(二)加强作业质量,减少作业数量

在明确减什么之后,教师应当着重探索如何去减。教师应当给学生布置分层作业,分层功课能够满足学生的特性化需求。为了满足学生在进修基础、学习程度、个人特点和兴味、习惯上的差别,教师可以在分层作业上做探究,以基础类、拔高类、挑战类等不一样条理的功课满足学生特性化需求,让学习基础较好层次的学生"吃得饱",让学习基础较差层次的学生"吃得了",让学习一般层次的学生"跳一跳,够得着"。具体来说,基础类型的作业就是生字练习和检查课文背诵情况,拔高类型的作业就是单元习作训练和单元阶段检测,挑战类型的作业就是具有特色的,像学生将自己摘抄到的好句好段整理成册,互相分享之类的作业。分层功课以学生自愿选择为主,教师加以指导,并对分层实行动态管理。

与此同时,教师要重视对学生选择分层功课的指导和评价,既重视进修成果,又重视进修过程,让每一名学生都能经过分层功课稳固当天学习的知识点、获取信心。

例如,在进行统编版小学语文五年级上册第一单元《桂花雨》的讲解时,教师可以只给学生留一道基础题——这篇文章主要写了什么事件,一道拔高题——体会并用自己的语言描述出作者通过什么方式表达了什么思想,以及一道挑战题——学习该篇文章的写作手法,以自己童年难忘的人或事为中心写个随笔。学生根据自己的真实水平选择要写的作业,让基础较差的学生能够通过思考将题的答案写出来,让基础稍微好一点的学生能够进入更深层次的思考,在掌握基础知识的同时,提高自身的思维能力,让基础较好的学生能够学习到更多东西。在学生进行习作训练前,教师应当指导学生具体以几种形式去表达自己的内容和情感,在学生完成习作后,教师要及时进行批改,并详细地给出批注,挑一些具有针对性的问题拿到课堂上给学生进行讲评,让学生修改自己的作文,并在写作水平上有所提升。

教师要通过探索性作业来提升学生的思维能力,反复的抄写与训练只能让学生止步于有印象层面,做功课也成为只是展现结果。而重视实践探究、处理问题、小组协作的探索性功课,可让学生对问题实行深化考虑与剖析,并在这个过程当中逐步养成批评思维能力。探索性功课在完成时可以经过写一写、画一画等方法展示考虑过程,既注重进修成果,也关注进修过程。教师在设计功课时突显理论性和探求性,开掘学生感兴味的主题,让学生在真实场景中体验、探求,处理问题、取得真知,培养语文综合素养。

例如,在进行统编版小学语文四年级下册第四单元《白鹅》的讲解时,在学生读过"它伸长了头颈,左顾右盼"这句话后,教师可以要求学生通过联想,想一想假如自己处于一个陌生的环境时会如何表现,让学生更真实地去感受作者笔下鹅的高傲,然后教师可以让学生根据他们自己的兴趣点,在课下观察某种小动物,并能够简单的将自己对该动物的第一印象以与文章类似的形式描述出来,这样既能使学生懂得观察生活,也能帮助学生提高他们的写作能力,而且还不会占用学生太多校园之外的时间,也不会给学生太大的学习压力。

另外,教师可以留融合性作业,以达到提高学生的综合素养的目的。课程交融、学科联动的传统促生了交融性功课的开发与设计,它着重提出的是相同学段学科功课的互相增进与整合。例如教师给学生留一篇作文,让学生根据某件实事来就材料中主人公的做法是否正确展开讨论,而这种辩论思考能够帮助学生提高他们的辩论思维,这就需要与思想品德的"法治意识与共同参与"相融合,既使学生更好地学习多个科目,也帮助他们提高了自身的语文核心素养。

教师还可以留浏览类作业,以此来修养学生心灵。侧重激起学生浏览兴味、培育良好的浏览习惯。不一样阶段的学生都有相应的浏览功课,并辅以丰富多彩的浏览记载卡,如低年级的浏览存折、中年级的浏览手抄报、高年级的浏览手册等。比如,在讲解统编版小学语文一年级下册《吃水不忘挖井人》时,教师可以让学生通过阅读课外书,以"知恩图报"为主题写一份手抄报,进而在轻松的氛围下普及一些课外知识,同时也为日后的作文提供了素材。

(三)指导学习方法,促进学生自学

授人以鱼,不如授人以渔,在小学语文教学上也是如此,教学生每一篇文章所涉及的知识点,不如教学生如何去获取这些知识。所以,教师应当在给学生讲解课本内容的同时,将学习的方法逐步地渗透给学生,讲教学是教和学的一致体,学生的学法直接得益于教师的指点。在课堂讲授中要教给学生科学的自学办法,让学生爱自学,有目的性地去自学,最大程度地发扬学生的自学潜能。

(四)改变随堂作业布置方式

随堂作业是教师能够当面检验学生学习成果的有效手段,因此,随堂作业必须将知识覆盖全面,保证学生能有效地进行知识巩固,方便及时查漏补缺。同时,教师要灵活变通,采取多样的作业形式,让学生能力得到更全面的发展。

1.趣味性作业

在课堂上,游戏可以作为课前导入,引起学生的学习兴趣,也可以作为随堂测试,检查学生对知识的掌握程度。例如,一年级学生在学习《姓氏歌》时,随堂作业可以布置成班级比赛的形式,在规定时间内学生说出或写出自己所知道的姓氏,如果有学生知道教学以外的姓氏如何书写,可以作为附加分提出。在学生之间进行竞赛,能有效提升学生的课堂参与度,让学生加深对所学知识的印象。

2.团体合作性作业

随堂作业可以设置成团体合作的形式,让学生之间互相帮助,检查自己和同学对知识的掌握是否有错漏。例如,四年级的《一个豆荚里的五粒豆》,课文内容相对较为丰富,学习完课文之后,教师可留出小组讨论的时间,让学生自由提出课文相关问题并进行整理,然后由其他小组的学生来回答,通过问题的提出和回答,教师可以掌握学生对课文的理解程度,也能对课后作业的布置进行及时调整。

(五)改变课后作业布置方式

课后作业是学生离开学校后完成的内容,由于学生认知水平和私人时间的安排不同,小学课后作业要做到按需、适量布置,以保证作业的有效性。

1.根据学生实际情况进行适量布置

根据学生的水平不同,布置作业的量要有所变化。有些学生基础薄弱,书写速度较慢,在课后作业中,可适当降低抄写作业的比重,不必布置生字或词语的重复抄写,同时避免用抄写作为惩罚手段。教师要求学生重复抄写生字词,本意是希望学生能掌握生字写法,但从结果上看,只会造成学生对抄写作业产生畏难退缩的心理。生字词抄写作业应当限制在两遍以内,保证学生能够在规定时间内完成即可。

2.根据学生知识水平进行不同内容的布置

不同的学生认知水平、知识掌握程度也不同,教师在布置作业时要考虑到学生的差异性。有些学生认知水平比同龄人高,思考问题更加全面和深入,对这类学生,布置作业可多以主观思考题为主,鼓励学生在已有的知识内容上进行更深入的探讨。有些学生基础知识比较薄弱,思维也相对缓慢,这类学生的作业要更多注重在基础知识的应用上。

(六)改变课后作业内容,减少重复性作业

"双减"政策实行前,由于学生在校时间短,许多教师为减少自己的工作量,布置作业简单粗暴,复印几张卷子就下发给学生,不提前筛查,经常出现试卷题目超纲或重复,也没有考虑到学生的时间安排,导致一部分学生即使花费大量时间也很难完成作业,更无法通过作业巩固课堂知识,这样的作业布置已经严重违背了教学初衷。因此,教师要对课后作业的内容作出改变。

1.从单一转向多元化作业

传统的语文课后作业形式较为单一且内容枯燥,容易让玩心重的小学生产生厌烦心理。所以,教师需要转变思维,将课后作业形式多元化,低年级学生可布置阅读、剪报等作业。例如,二年级学生在学习《小蝌蚪找妈妈》一课后,布置阅读童话故事的作业,并让学生之间相互讲述故事和交流,帮助学生语言能力和阅读能力的发展。升入高年级后,作业形式更加丰富多样,应注重培养学生的综合语言能力。例如,在学习《富饶的西沙群岛》一课后,教师可以要求学生制作西沙群岛的旅游手册,将课文中提到的西沙群岛特色及美景用文字导游方式再现,这样布置作业,既能让学生复习巩固学到的生字词,也能提升学生的语言组织能力和手脑协调能力。

2.从复制转向创新型作业

传统的抄写或试卷练习作业,大多是有着固定答案的题目,长期来看,这样的作业会限制学生的创新思维,导致学生思维固化,在课堂学习中只会对知识进行单纯的接收,而不是深入思考其中的道理。因此布置作业要尽量鼓励学生进行思维的发散,尤其是作文,只有深入观察生活中的现象,察觉自己的情绪体验和变化,才能写出真情实感、不落俗套的作文。例如,五年级作文《我的心爱之物》,要求学生写出自己真心喜爱珍惜的事物,在进行作文教学时,教师要注意引导学生感受并表达自己

的情绪,通过每个人独一无二的生活体验来描述自己心爱之物的特征,这样写出来的作文真切动人且具有唯一性,而不是刻板地描写"爸爸送给我的生日礼物""妈妈送给我的生日礼物""最好的朋友送给我的礼物",等等。

3.从封闭式转向开放式作业

教师的眼界不能局限于纸质作业,要结合实际和社会现象,鼓励学生脱离书本纸笔。可以根据学生情况进行非书写作业和开放式作业的布置,取消固定的作业评判标准,让学生从完成作业本身获得成就感。例如,在学习《竹节人》之后,课后作业可以是要求学生自己动手制作一个好玩的玩具,并带到班级上向同学们展示。为了保证学生完成作业,教师也可以提前准备好简单的手工玩具资料提供给学生。学生在动手制作的过程中会得到满足感和成就感,而完成后的展示环节,也能帮助学生提升语言组织能力,让学生在课堂上学习到的语言知识得到实际应用。

国家实行"双减"政策后,减少了学生和家长的负担,同时也对教师校内工作提出了更高的要求。虽然一定程度上增加了教师的工作量,但教师只要提升自身工作能力,活跃思维,对课堂和课后作业进行有效的改善,在为学生减轻负担、减少作业的同时,也能为教师减轻工作压力。

第二节　基于"双减"背景的小学语文作业设计趋势

一、作业目标:从知识技能转向核心素养

在小学语文教学中,作业是一个重要的教学环节。传统的教学观把作业看作是巩固知识的重要手段,认为通过作业可以有效地对课文和知识进行预习和复习。现在的小学生除了配套作业本之外,主要还有预习、抄词、听写、周记、日记等相关作业,其模式一般是"题型+套路+大量

重复练习"。由于作业是与预习、知识、练习联系在一起的,于是形成了一种"知识作业观",窄化了作业的功能。而在"双减"政策下,作业应该是提升学生核心素养的重要途径和平台,它与学生的全面发展、全程发展、可持续性发展有着密切的联系。"知识作业观"认为,应让作业成为学生成长的阶梯,发挥其育人功能。具体包括以下四个方面[①]。

(一)从知识内容转向语言文字

以往的作业较多的是检查学生对课文情节和内容的理解。这是不完善的,也是不深刻的。众所周知,语文课程和教学的本质是语言运用,这是质的规定。因此,作业要指向语言,这也是一种基于语文本质的思维方式。

指向语言的作业具体表现为对语言的感知、理解、巩固和运用。其中,语言的理解和运用是最为核心的。例如,教学二年级上册《黄山奇石》一文的首句"中外闻名的黄山风景区在我国安徽省南部"时,可以设计以下作业,让学生练习句子中词组的变序。

读通句子。这是一个长句子,朗读时要进行停顿的指导,重点是三个词组的停顿训练。

定标词语。分别把"中外闻名""黄山风景区""我国安徽省南部"三个词组标记为 A、B、C。

变换语序。课文是 A→B→C,也可以改为 B→C→A 或 C→B→A。

这是指向语言理解和运用的一个典型的作业练习。对学生来说,这样的作业设计意义有三:①形成词组意识,学会用固定词组进行表达;②理解和掌握句子的灵活表达方法;③培养思维的灵活性。可谓一举多得。

(二)从知识结果转向思维训练

过去的作业多为了应付考试,更多关注知识的结果,为知识而学、为知识而练、为知识而作的现象普遍存在。例如,一些检查课文情节和内容的填空类作业,一些低级、琐碎、重复的同质性作业,几乎没有思维价

---

①朱召弟.核心素养视域下小学语文实践性作业设计初探[J].品位·经典,2022(7):153-155.

值。有时甚至会出现一些偏题、怪题、错题。为了减轻学生的作业负担，作业就要更具思维含量，促使学生语言和思维的同步发展。此外，教师不仅要关注一份作业不同问题之间的思维层次，更要关注学生在完成作业过程中思维能力的呈现。

值得关注的是，语文课程是一个相互关联的知识体系，不是一个个知识散点。因此，教师在设计作业时不能只针对某一课的学习，应基于学科内不同知识的内在关联，通过作业实现学科内前后知识之间的综合运用。有能力的教师可设计实施跨学科作业，因为割裂的各学科作业无疑会加重学生的负担。

（三）从知识训练转向审美意识

作业往往被看成知识训练的手段，几乎是"训练"的同义词。作业一般都是做一做、说一说、读一读、练一练、写一写，学生很容易觉得枯燥乏味。作业越多，学生就越容易失去学习语文的兴趣。因此，作业的设计应具有艺术性和美感，让作业成为学生感受美、审视美和创造美的学习活动。

教师可利用艺术表达方式设计作业。具体而言，可利用音乐的节奏训练学生朗读的语气和语感，利用美术的造型艺术培养学生的结构意识，利用戏剧表演设计课本剧作业。如在进行识字教学时，可设计汉字画的作业。汉字画基于汉字，依于图画，把汉字的字形与图画的形式结合起来，既符合汉字形声字的造字特点，又对学生进行了立意、构图、关联的审美熏陶。又如统编教材五年级上册第三单元《牛郎织女（二）》的阅读提示："如果给《牛郎织女》绘制连环画，你打算画哪些内容？给每幅图画配什么文字？"学生尝试做了这个作业，画的画栩栩如生，配的文字言简意赅，恰当地表现了画上的内容。每幅图旁边还有一个小标题，这便将语文与美术相融合，带来了美的创意和欣赏。

（四）从知识实体转向文化渗透

在传统的教育观念里，作业的目标是获得课文中的实体知识。如字音和字义、词的含义、句的意思、段的大意、文章的内容等。这本身没有错,问题是不能为了训练实体知识而掩盖了其背后的文化意蕴。

例如,布置写"美"字的作业,如果只是指导学生把其中的四横写平、写好,就是一种实用的功能性练习。教师应把实体性知识的掌握与文化渗透结合起来,进行作业的文化设计:从字源看,羊大为"美";从构形看,"美"字为上下结构;从文化看,民以食为天,以大为"美";从书写要求看,"美"字上面的三横一样长,而下面"大"字中的一横要更长一些,这样才能把"美"字托起来。

作业还应该成为教师精心设计送给学生的一份礼物,应该是有情有义、具有学习趣味和人文意蕴的。如教师设计了一组单元检测作业,在作业题目前写这么一段话:"同学们,这个单元我们已经学完了。下面是一些检测题目,请你尝试做一下。如果能做出来,我对你表示祝贺。如果你暂时做不出来,也没有关系,只是小小的遗憾。不过,你要尽力、尽快完成,祝你成功!"这是不是对作业的一种文化思考?综上,从培养学生核心素养的高度设计和管理语文作业,当是"双减"背景下语文教育改革的重要内容。

二、作业主体:从被动转向自主

传统的语文作业往往是教师布置,学生完成,教师处于主体地位,学生的学习状态是被动接受。于是,教师布置什么作业,学生就做什么作业;教师要求怎么做,学生就怎么做;教师评价"好",就是做得好。要减轻学生的学业负担,就要把做作业的过程变成学生自主学习、个性化学习、深度学习的过程。同时,要尽可能地把做作业的主导权还给学生,让学生体会到过程中的快乐和完成后的满足。

第一,作业的自主习惯。学生应该准备课堂练习本和正式作业本。正式作业是一种规范的、严肃的学习方式,有其基本要求。如在写作业之前先读读课文或整理笔记,复习当日所学;做作业时不翻书、不翻笔记,像对待考试一样规范书写;作业要限时完成等。检查也是做作业的重要一环,不检查作业等于未做完作业,要让学生养成"不检查不上交"的好习惯。

第二,作业的自主解题。要完成作业,就要指导学生自主审题、解题。如果审题不准,则任务不明,势必影响作业的完成,甚至无从下手。如二年级上册《坐井观天》的课后思考题:"分角色朗读课文,读好下面的句子……"

这个题目不是一个练习内容,而是两个练习内容:"分角色朗读课文"和"读好句子"。这对于一年级的学生来说,是有理解上的难度的。

第三,作业的自主完成。学生要自主完成作业,依赖于主观和客观两个因素。主观因素是学生需要具备"三个力",即较强的自控力、良好的记忆力和一定的思维力。客观因素是作业的内容、场地和时间,内容的多少和难易要适当,场地的环境和条件要适度,时间的长短和集散要适时。

第四,作业的自主评价。评价是一种正误是非的判断和推理,是一种反思性的元认知能力,是对认知的认知,是一种高阶思维。所以学生完成作业后,教师应引导学生主动仔细检查,对自己和别人的作业能自主地发表意见,进行合理评价。要构建语文"教—学—评"一体化体系,使自主评价成为作业的常态。

第五,作业的自主修改。批改作业往往是让老师头痛的事,而且经常达不到预想的效果。相比于传统的教师批改,师生共改、学生自主修改才是更有效的方式。如教师在检查作业发现错别字时,可只在下面画个小圆点,由学生自己纠正。这样还能培养学生对自己负责、认真仔细的学习态度和品质。

第六,作业的自主设计。教师应创造条件,尝试让高年级的学生自主设计作业。在学习了六年级上册《只有一个地球》一文后,浙江省的徐炎明老师便让学生自己设计作业。有的学生说,这篇课文很适合朗诵,打算选一段音乐,设计配乐朗诵;有的学生说,可以多找点相关资料,写一份保护地球的倡议书;还有的学生说,可以写几条保护地球或珍惜资源的公益广告词。学生自己给自己设计作业、布置作业,体现的是学习的主动性和创造性,激发了其做作业的热情和兴趣。

三、作业类型:从单一转向组合

小学语文要努力构建"1+X"的作业体系:"1"是语文本体性作业,"X"

是语文拓展性作业。二者的比例以8:2为宜。

（一）本体性作业

倾听类作业。这是基本的作业类型，以培养学生良好的倾听能力为目的。教师可以读给学生听，也可以放录音给学生听。听后要安排复述，或提出问题、回答问题。

交流类作业。这类作业需要设计情境，包含倾听、理解和应对等环节，是一种适应现实生活的作业方式。其难点在于"应对"阅读类作业。《义务教育语文课程标准（2011年版）》中明确提出，要少做题，多读书，好读书，读好书，读整本的书。"双减"政策下，阅读应成为最重要的语文作业形式，包括阅读习惯的培养、阅读数量的增加、阅读过程的指导和阅读策略的掌握等。在此基础上，加大对散文、文言文、非连续性文本、绘本的阅读以及课外整本书的阅读量。

写作类作业。包括写字、听写、抄写词句、写片段和写完整的文章。"写"是语文知识的集中反映，也是良好语文水平的客观标志。小学语文作业读与写的比例大体控制在7:3为宜。

（二）拓展性作业

拓展性作业对学生综合素养的培养颇有意义，可以安排在课内，也可适当安排在课外；可以由单人完成，也可以多人合作完成。其主要类型有主题拓展类作业、内容拓展类作业、形式拓展类作业和综合拓展类作业。比如，手抄报作业便是综合拓展类作业中有代表性的一种，对于培养学生资料的收集和选择、排版、美术编辑、手工制作等技能都有较好的效果。

目前常见的作业形式有交流型作业、辩论型作业、展示型作业和项目型作业。在此，特别推荐三种作业设计。第一，融学拓展型作业。作业设计要加强语文与其他领域的融合。例如，五年级上册《四季之美》是一篇意境优美的散文。教学时，教师可以引导学生想象画面，诵读美文。如果课后能让学生在理解的基础上，把想象到的画面再画出来，会取得更好的效果。这是语文与美术的融学。第二，生活拓展型作业。作业设计要与学生的现实生活结合起来,在真实情境中解决问题,才能让学生更好地运用所学,实现知识的巩固、迁移。第三,网络拓展型作业。作业要重视信息技术的应用,精准分析,打破时空界限。倡导探索设计智能作业,以网络学习空间为纽带构建智慧学堂,优化作业推送和批改方式,让数字化赋能"双减"政策。

四、作业时机:从随性转向分阶

随性作业表现为自在随意布置作业,是造成作业"题海战"的重要原因。要加强作业与备课、上课、辅导、评价等教学环节的系统联系,将作业作为学习活动的一部分。语文学习的整个过程就是完成作业的过程。教师布置作业时要把握时机,要有生态意识,要进行精心的过程设计,呈现出分阶、分层的态势。

课始预习性作业。通过课内预习单完成,预测学生已有的学习状态,为后续学习奠定基础。这时的预测是一种对学情的把握,只是了解有关信息,不必太在意作业质量的高低,更不必一一订正。需要说明的是,预习性作业一般不安排在课外,要尽可能地挤进课堂,使其在课内真正发生和落实。

课中理解性作业。课堂教学过程中的学习主要是理解和运用的活动,需要一定思维的参与。课中应该布置理解性作业,为深度学习赋能。下面是根据建构主义心理学关于"理解"的指标提出的理解性作业的类型。

布置理解性作业需要选择适当的时机,第一,以牵一发而动全身的语言现象为作业设计点。这些语言现象往往是课堂教学的重点和难点,具有鲜明的示范性。例如,课文中的中心词、中心句,体现文章中心的重点段,牵动上下文的过渡句、过渡段,等等。第二,以带有规律性的新的语言现象为作业设计点。这种新的语言现象,如新的句式、段式等,既适应学生的语言发展水平,又可以概括、类化和迁移,便于学生举一反三。第三,以接近学生最近发展区的语言现象为作业设计点。这种语言现象往往是学生在阅读时最容易激发思维火花的爆点、最感兴趣的疑点和最容易忽略的盲点。

　　课末巩固性作业。作业的一个重要功能是巩固所学。设计这类作业须注意以下三点:第一,学习整理知识。课堂上可设计整理性作业,初步构建知识体系,使知识得到较好的巩固。第二,提高思维含量。因思维具有问题性、间接性和概括性的特点,所以作业的设计要有问题意识、间接学习和抽象过程,以不断提升思维含量。第三,发现学习规律。作业是手段,目的是发现知识和学习的特点与规律。

　　课外拓展性作业。有些主题作业、项目作业、资料性作业、综合性作业、研究性作业等可放长时间,安排在课外,进行"长作业"设计,也可在数天、数周后完成。这类作业对于学生学习能力、研究能力的培养大有裨益。例如,项目化阅读作业可以"了解学习基础、解读核心主题、完成阅读任务、进行项目实践、展示项目成果"为模式,进行阅读作业的项目设计和实施。如统编教材六年级上册第八单元,便可以"鲁迅"为主题,设计"我认识的鲁迅"课外项目化作业。

　　课外的拓展性作业可以设计基础卷、发展卷和提升卷,既要考虑学生基础知识的掌握,又要顾及部分学生"吃不饱"的情况,体现因材施教原则。基础卷是全体学生都要完成的,而发展卷和提升卷可让学生自主选择完成。

五、作业效益:从课外转向课内

　　减轻学生的学业负担,主要是减少学生的课外作业。课外作业,不仅加重了学生的负担,也加重了家长和教师的负担。学生的语文学习需要一定量的作业,但这些作业应尽可能地在课内完成。"减"掉作业时间,但是要保证作业质量;"减"掉课外作业,但是要增加课内作业。"课内增负、课外减负",须要摒弃"减负就是躺平""减负等于减责"的思想,树立"减负不降质""减负担,提效益"的观念。

　　课内作业的时间。作业时间有长短之分、集散之别。一般来说,一次课内作业以5—8分钟为宜,过短或过长都不合适。对课内作业须精心设计,一般应分散布置、分层练习,以便逐步达标。课内作业有第一作业时间和第二作业时间之分。第一作业时间指的是学生完成作业所需的实际时间,第二作业时间指的是学生检查、修改作业的时间。教师要注意为学生提供并充分保证第二作业时间,切实提升其作业质量。

课内作业的效益。作业的结果有效果、效率和效益之分。效果只是一个客观的、单纯的结果,效率是有关时间和效果关系的结果,而效益则是基于结果的优化分析。"双减"政策下的作业设计追求的不仅仅是语文学习的效果和效率,更应是语文学习的高效益。

课内作业的设计。作业包括作业设计、作业布置、作业批改、作业讲评、统计分析、辅导等环节,这些环节相互支撑、循环发展。其中,提升作业设计质量是减轻作业负担、实现减负增效的关键前提。第一,课内作业设计要求有单元组合意识。以单元为基本单位进行整体考虑,同时按照一定的步骤完成四项核心任务,即整体规划单元学习、研制单元作业目标、依据作业目标设计单元作业、调整完善作业体系。第二,课内作业设计要具有进阶性。应有如下基本特征:在内容上具有衔接性,在水平上具有进阶性,在要求上具有差异性。同一个单元内不同课时之间或者不同单元之间,对于同一个能力要求,在不同课时里要呈现一定的差异性和进阶性。如学习《古诗三首》后,根据学习能力的差异,A层次的学生可以有感情地朗读课文,背诵三首古诗,并能大致理解诗的意思;B层次的学生可以在A层次的基础上,说说诗的大意,并再积累两首描写传统节日或习俗的诗;C层次的学生可以在B层次的基础上,根据诗的意境,把其中一首诗改写成一篇现代文。第三,课内作业设计要求难易适度。过难、过深、过高的知识内容都不应是作业设计所追求的。对于小学生来说,难的作业不易解,深的作业不易做,高的作业不易取。超越学生认知能力、难度过高且不可实施的作业,不仅会让学生失去学习自信,还容易带来抄袭、弄虚作假等问题。

六、作业评改:从教师评改转向作业展评

教师评改学生的作业,尽管专业性强、评改水平高,但是效果往往不尽如人意。其中重要原因是:它是外因的,而且是内隐的。一部分学生对老师评改的作业很少问津,甚至视而不见,因而其作用不大。作业评改既要发现学生在知识体系上的漏洞,又要分析学生思维方法上的不足,还要把握学生学习的态度。因此采用作业展评的方式是理智的选

择。"作业展评"是内因的、外显的,使作业成为教学与评价结合的支撑点,其展示又能使思维可视化,因而可产生良好的效果。

作业展评有三个主要特征:第一,作业样本是可视的,更直观可感。第二,评改标准是公开的,更利于学生对照标准进行评改。第三,评价的主体是学生,使评改的过程变成学生合作学习、元认知的学习过程。可以师批生改,也可以向家长展示,征求家长意见,让家长起到监督作用。作业展评体现了"作业、评价与展示"一体化的设计理念和执行策略,以展促学,以评促优。作业展评的方式是灵活的,可以先做后展。学生先做完作业,再展示作业。这时的作业是一个作品或展品。当把作业看成一个展品时,学习的任务驱动就发生了。可以先展后评,学生先展示作业,再引导学生进行点评。展示式作业为点评提供了丰富的资料。也可以边做边展。学生可以一边做作业,一边展示作业。这要求作业分量要少,时间要短,便于快速展示。还可以边展边评。对于学生的作业,也可以一边展示,一边进行评价。这是一种展览式的学习活动。

第三节　基于"双减"背景的小学语文作业设计有效策略

"为学生减轻负担"的口号提出多年,但是学生的负担仍然没有有效减轻。本次"双减"政策的提出能否有效落实到位,吸引着全社会的目光。作为小学教师,我们有义务探究"双减"政策下教学的优化措施。我们需要聚焦文件精神,找准教学目标,提质增效,真正为学生卸下枷锁,使他们轻装上阵。作业作为教师检验学生学习效果,以及帮助学生巩固与提升学习成果的重要手段。对于小学语文教师而言,需要在当前的"双减"背景下,认真思考与探究新型科学的作业设计手段,从而在减轻学生课业辅导的基础上,促进学生更好地学习与掌握语文知识,实现综合能力的提升。

一、"双减"背景下优化作业设计的重要性

以"双减"政策为指导思想,优化小学语文的作业设计,对于语文教学的整体发展以及小学生的成长具有重要价值。第一,作业是反馈课堂教学效果的重要途径,而教师对语文作业展开优化设计,能够进一步强化其反馈作用,学生可以通过完成理实结合、弹性化较强的作业,认识到自己在理论学习或者知识应用方面存在的问题,教师也能在总结和整合学生作业完成情况时,了解课堂教学或者作业设计上存在的缺陷,进而在课堂教学、课后服务或者课后作业设计等方面进行弥补和改进,由此,"双减"政策自然地融入语文教学中,小学语文教学的质量也能有所提升,继而向可持续发展和多元化发展的道路迈进。第二,设计弹性化和层次化的作业,学生拥有了自主选择作业的机会,他们的主体性得到了确定,所以他们对作业的抵触情绪逐渐消解,能够积极地解读作业的内容、探索完成作业的优化路径,而在学生参与度和完成度高的背景下,作业的价值和作用得到了强化,小学生的知识基础渐渐牢固,其学习能力和语文知识水平也能不断提高。从上述分析中可以得知,优化作业设计是落实"双减"政策的重要方式[①]。

二、"双减"背景下小学语文作业的设计原则

(一)趣味性原则

"双减"背景下小学语文教师在对作业进行设计时需要遵循趣味性的原则,尽可能地将一些趣味性的元素加入作业设计中,保证所布置的作业可以调动学生的完成积极性,能够全身心地投入到作业中去,促使学生能够在完成作业的过程中实现自信心的提升。趣味性的作业可以有效提升学生的自主学习意识与能力,同时可以促使学生完成作业的积极性得到充分的激发,帮助学生对语文问题作出正确的判断,还可以丰富学生的语文知识储备,有效提升学生的语文综合素养。

(二)重点性原则

重点性原则具体指的是教师所设计的作业要对不同学习水平学生的

---

①常微微.小学语文有效作业设计策略[J].才智,2016(36):95.

作业重难点从及学习目标加以明确,以个性化的模式为指导,保证全体学生都能够在完成作业的过程中有所收获,并且借助写作业的途径来提高自身的学习成绩,促使学生能够更加直观地了解作业设计的原因与目标,最终开展有针对性的探究与学习。

三、"双减"背景下小学语文作业的设计策略

(一)做好调查研究,打牢基础工作

"双减"背景下,小学语文教师在开展作业设计工作时需要做好调研工作,分析学生的学习情况,与学生做好沟通工作,让他们说出自己在语文学习中、在完成语文作业的过程中遇到的问题,并提出对作业设计的意见和建议。教师可以逐个调查、分析学生的作业情况,全面整理学生在课堂和课后的表现,关注他们的作业完成度,根据调研情况,确定作业设计的思路并制定契合"双减"背景下要求的具体措施。只有对语文作业现存的问题进行充分汇总整理后,从学生的学习实际情况出发实施作业设计,才能使作业设计取得实效。例如,小学低年级语文要学习拼音,但是由于受到多种因素的制约,在实际教学中部分学生虽然认识了拼音字母,却没有掌握拼读方法,识字量也比较少。针对这一情况,教师有的放矢,开展作业设计。在完成作业设计工作后,教师还要及时关注学生的作业完成情况以及课堂表现,同时及时向家长了解学生在写作业时的情况,对学生作业完成的效果进行检验。教师应该注意,在设计作业的初期,要对学生之间的差距做详细的调查与了解,以免对部分学生的心理造成伤害,教师应该采取循序渐进的模式,逐步提高作业设计的合理程度。

(二)以学生为出发点,关注学生成长

一个班级内的学生学习能力存在一定的差异性,这符合事物的一般规律,也是作业设计的现实基础。"双减"背景下小学语文教师所开展的作业设计工作要坚持以学生为中心的理念,关注学生的成长。作业设计工作应该使得学习能力强的学生进一步发展和提升,使学困生掌握和巩固基础知识。为了保障作业设计的实施效果,教师可以融入奖励机制,

对每个层次中,给表现优异的学生一些荣誉,使他们品尝到努力学习的幸福感。这种奖励机制既能够培养学生的竞争精神,又能够使他们保持荣誉感,为自己、为小组带来更多荣誉。例如,在三年级布置古诗词《九月九日忆山东兄弟》这一课的作业时,因为A学生在课堂积极回答问题,和教师进行互动,掌握了诗歌的中心思想和描写方法,因此,A学生可以适当减少作业量,只需要做一次口头翻译。B学生尽管和教师积极互动,但是并未掌握这首诗的中心思想和描写方法,因此需要口头翻译两遍古诗。C学生在课上已经将整首古诗完整地背诵下来,而D学生没有在课上时间将古诗背诵下来。因此,C学生的课后作业为阅读这首词的课外拓展资料,D学生在课后需要将这首古诗背诵下来。由此,学生的学习负担小了,进步空间更大了,实现双赢的效果。

(三)结合教学目标,进行合理设计

因为每个学习阶段和学习目标都不相同,所以在作业设计工作中,教师需要结合教学目标,根据学生的能力层次和认知水平做好分层。例如,《纪昌学射》这一课的教学目标是让学生认识并默写课文中的字词,理解这篇课文的描写手法,同时还要能够正确分析本课的中心思想。根据教学目标,学习能力弱的学生的首要任务是认识和默写本课的字词,学有余力再分析本课的描写手法和中心思想,学习能力强的学生则需要同时达成上述三项学习目标。因此,学习能力弱的学生的课后作业为抄写字词,学习能力强的学生的课后作业为归纳本课的中心思想,并且写一篇200字的感悟,让学生自行归纳与总结自己的收获。由此,不同能力层次的学生都能有所收获,都可以实现对语文知识的掌握,都能达成学习目标。

(四)完善评价体制,开展作业设计模式

"双减"政策的提升要求教师要在减轻学生与家长的负担基础上,有效增强作业设计质量。教师在布置作业的时候,也应该就作业的类型以及作业的数量进行科学的安排。在对作业进行设计的时候,第一,应该充分了解学生的学情,确保相关工作具有针对性和准确性。教师应该根

据学生成绩、同学的评价对学生的能力进行评价和分层。第二,帮助他们认识到自身发展过程中存在着哪些短板,给他们指明一条正确的发展道路。第三,教师需要根据学生的能力给他们布置相关的作业。

(五)严控作业总量,减轻学生负担

"严控书面作业总量"是"双减"政策中提出的具体要求,以此为根据,为了减轻学生的学习和身心负担,教师在设计作业时,应有计划地把控作业的数量,从小学生的身心特征和语文教学的具体内容出发,精简作业的内容、增强作业的技巧性。具体而言,在设计作业时,教师应针对不同年级的学生适当地调节作业的数量,可以依据低、中、高三个年级层次设计和规划作业的数量,以此保证作业的科学合理性。例如,在部编版二年级上册《树》的教学中,针对低年级小学生的特征,教师应杜绝布置家庭课后书面作业,他们可以引导学生在课堂上或者课后服务时间,展开书写练习,在此基础上,要求学生完成实践作业,即"在家中开展朗诵活动,向家人展示阅读成果",借助这一实践作业,语文作业不仅脱离了反复性和机械化的弊端,其实用性也能得以增强,而小学生的身心负担也能得以减轻。

(六)增加作业类型,丰富学生体验

在以往的语文作业模式中,教材中的字词、语句和阅读文本是教师布置作业的来源,作业的内容缺乏变化性,而为了落实"双减"政策中"提升作业设计质量"的理念、丰富小学生的体验,教师可以设计生活化、层次化和创造性的语文作业,让学生在开放式的时空环境中完成语文作业,以此加强作业在语文教学中的反馈价值。

1.设计生活化作业

现实生活是语文教学内容的来源之一,为了杜绝语文作业的机械性和反复性,教师应从现实生活中挖掘作业内容、产生设计灵感,让学生将课堂教学中的理论知识与现实生活中的实践元素结合起来,而在学生连接生活、回顾生活的过程中,他们对于课内语文知识的理解程度也愈渐加深,这对于提升语文整体教学实效产生了促进作用。另外,在设计和

布置生活化作业时,教师也要关注作业与课堂教学内容的衔接点,使作业起到反馈课堂教学效果的作用。比如,在四年级上册《麻雀》的阅读教学中,教师以生活为载体展开作业设计工作,设计作业内容为"在生活中寻找麻雀的踪迹,观察和记录麻雀的外貌、习性等特征,比较一下现实生活中与文本中的麻雀有哪些不同,具体原因是什么"?上述作业的内容与学生的现实生活息息相关,在明确作业的主要内容后,学生在住所附近、自然公园等地寻找麻雀的栖息地,他们通过细致的观察和记录,了解麻雀的主要特征。随后,进一步精读文本,体会现实生活中的麻雀与作者所描写的麻雀具体存在哪些异同点,借此方式,学生能够认识到文本中具备较强的情感元素,他们对于文本主旨和艺术特征也有了新的认识,这样的作业类型,帮助学生摆脱了无效作业的束缚,使他们能够真正在解读作业和完成作业的过程中强化学习效果。所以说,"双减"政策的渗透使得小学生获得了丰富的学习体验。

2. 设计层次化作业

"鼓励布置分层、弹性和个性化作业"是"双减"政策关于作业设计工作的主要要求之一。据此,教师可以设计层次化的作业,给予学生自主选择的机会,从主观层面上增强学生完成作业的兴趣和欲望,进而提高作业设计的水平。从教学实践出发设计层次化作业,教师可以借助在线文档中的表格,呈现不同层次作业的内容,让学生在感兴趣的作业内容后进行标注,选择适合自己的语文作业。以《慈母情深》这一教学内容为例,在设计层次化作业时,教师可以通过在线文档绘制作业任务表格,并将其打印版本分发给学生,让学生自主选择完成其中的内容。

在学生完成自主选择后,教师及时记录每一个学生选择的内容,让他们明确完成作业的具体方法和路径。此后,待学生完成作业后,教师依据基础题、拔高题和拓展题三种类型的作业,展开针对性的指导,以此提升语文作业的设计质量、增强学生完成作业的效果。

3. 设计创造性作业

在"双减"背景下,为了丰富学生的主观体验,教师应设计创造性的作业内容,突破以往作业中以抄、背等主的书面作业类型,将实践性、趣味性和书面性等融为一体,让学生能够在开放式的环境中迸发出创新的灵感。此外,教师应在作业中涉及学生自主收集材料和主动阅读的内容,让学生从主观角度出发了解客观世界,进而更加全面地理解作业的内容。例如,根据《鲁滨孙漂流记(节选)》中的教学内容,为了激活学生的创新思维,教师可以从开放的角度出发设计创造性的作业内容,以"如果你意外落于一片荒岛中,你是否能如鲁滨孙一样勇敢地应对困难?请结合《鲁滨孙漂流记》整本书的内容以及其创作背景、你的现实生活经验,深度思考这一问题,并以短文的形式呈现出来"。这是一个极具开放性的问题,学生在明确作业的内容后,会进行拓展阅读,并查阅网络上的资源素材、调取自己的生活经验,由此完成创造性的作业。

(七)创新作业形式,调动学生热情

传统的作业形式以书写和背诵为主,学生缺乏实践探索和深入感知的机会,他们只注重完成作业的结果,却忽视了完成作业的过程,所以作业的价值也未能得以体现。以此为基础,为了调动学生的学习和完成作业的热情,建设以"双减"政策为主导的作业模式,教师应创新作业的形式,以实践探究和小组合作的方式引导学生完成作业。

1. 以实践探究为载体布置作业

以实践探究为载体布置课后作业,教师应结合语文课堂教学的实际内容以及小学生对知识的掌握情况,开展实践性质的学习活动,让学生在参与活动时完成作业,改变以书写和背诵为主要形式的作业模式。比如,在《纳米技术就在我们身边》的教学中,为了突破传统作业模式的不足,教师引导学生在课堂中巩固基础知识,在课后时间,以实地探访、问卷调查等方式,收集现实生活中存在的纳米技术,并了解纳米技术为我们的现实生活带来了怎样的变化,从而加强学生的知识感悟力,充分调动他们完成作业的热情。

2. 以小组合作为载体布置作业

在传统的作业模式中,学生独立完成作业,他们很容易出现懈怠和消极心理,所以,为了调动学生的热情,教师可以将小组合作作为学生完成作业的主要形式,为学生设计和布置合作性质的作业,引导学生在课后

服务和课余时间展开密切交流,让他们共同解读作业内容、探寻完成作业的有效方法。在这一过程中,小学生不仅锻炼了合作学习的技能,他们的心态也会愈发积极健康,这就与"双减"中体现出的减负理念不谋而合。

总之,在"双减"背景下,小学语文作业设计要改变传统模式中的形式和内容,依据小学生在课堂中的真实表现,以及他们的思维和认知能力等元素,展开作业设计工作。而为了保证学生能够通过语文作业减轻自身的身心压力,教师应结合"双减"政策的相关条例设计语文作业,从而增强作业的弹性化、科学性,使得小学生可以借助作业巩固语文知识、展开精准化的学习。

四、"双减"背景下小学语文作业的设计注意事项

(一)作业量

一个班级的学生因为先天因素以及后天因素的影响会形成各式各样的个性特征,这从某种程度造成了学生之间存在着一定的差异性。尤其是在学生接受能力方面存在着很大的区别,而这直接反映在不同学生对于作业数量的一种接受程度。鉴于此,在"双减"背景下小学语文教师所开展的作业设计工作一定要考虑全面,需要密切结合当前的减负政策,在遵循为学生减负的要求下,根据学生的接受能力来布置。对作业量进行科学合理的设计,对于接受能力相对较差的学生来讲,教师要适当减少作业量,加强他们的基础训练,促使学生可以实现知识的有效积累,循序渐进地学习与掌握语文知识,如文章的扩写或者缩写。对于接受能力相对较强的学生来讲,教师也切忌一味地增加作业量,而是以"双减"政策为指导,在减轻学生课业辅导的基础上,来保障他们能够切实提升自身的语文综合能力。除了基础训练以外,教师还可以为他们安排一些比较灵活的练习题目,提高他们的适应能力。

(二)作业难度

小学生受到诸多因素的影响,在学习能力、学习习惯、学习态度等方面存在显著的差异性特点。这也就导致很多学生对于统一的作业布置

方式存在不适应的问题。尤其是在常规授课下,教师布置作业都是采取大班布置的方式,其作业难度没有考虑学生个人情况差异,而是从整体水平出发,没有考虑到当前学生存在的差异性,也不利于全体学生学习水平的提升。在小学语文作业设计的过程中,教师需要考虑到学生的潜能,为他们布置不同难度的作业,让学生在夯实基础的同时,可以适当激发自身的潜能。例如,对于那些潜能容易被激发的学生,教师可以让他们去收集下一节课所要学习的资料,并且将这些资料整理出来,下次上课的时候与同学们进行分享,这需要学生具备一定的自学能力。对于学习潜能不容易被激发的学生来讲,教师则是以复习为主,让他们根据既有的知识进行学习。

教育部提出的"双减"政策能否有效落实,提升学生的学习热情,增加他们的幸福感,关键在于教师。教师要不断探索新的作业设计方法,结合学生的学习特点,突出小学语文作业的本质,提高学生完成作业的积极性。"双减"背景下所开展小学语文作业设计工作是当前一种全新的作业预留形式。要求教师所实施的作业形式不仅可以优化作业的质量,同时还尊重了学生的主体地位,在全面掌握学生实际学情的基础上,进行有针对性的作业设计,保证全体学生都可以在完成作业的过程中有所收获。可以说"双减"政策不仅为学生带来了福音,也是推动小学语文教学改革的利器,教师必须要把握好这个机会,推进小学语文作业设计工作。

第七章 基于"双减"背景的小学语文家校共育研究

第一节 "双减"背景下家校共育的合作转向

一、家校理念的碰撞

（一）教育理念的一致：从育分到育人

教育的本质是立德树人，学校不是竞争的"跑马场"。基于国家课程校本化实施的考量，以"有爱心、有行动、有创见"为目标，全新架构了"善思维、善表达、善共情、善担当、善审美、善创造"的"六善"课程，对应"小小思想家""小小演讲家""小小社会家""小小运动家""小小劳动家""小小艺术家"等各学科的校本化课程项目，积极落实"全学科育人、育全人"的目标。学校为每个学生量身定制了"全程育人导航"计划，让育人理念、育人要求真正融入教育教学的每一个环节。相比于分数的提升，肉眼可见的"紫琅娃气质"的彰显和"紫琅娃人格"的出彩，让家长更为欣慰。

（二）学习理念的一致：从学识到学力

只有让学习真正发生，素养才会慢慢沉淀。传统课堂强调教师的主导作用，认为只要教得好，学生就能学得好，忽视了学生学习的主体地位。在南通市"立学课堂"主张指导下，开创了以思维为核心的"3S课堂"（"3S"：本我——Self direction；众我——Socialization；超我——Self surpassing），在着眼于学生"学"的基础上，不仅关注学生知识的习得过程，更注重学生学习能力的提升。"3S课堂"以个体思考为起点，经过群体多信息量的碰撞思辨，再形成个体思想。从"本我"到"众我"再到"超我"，螺旋上升,提升思维品质与思维能力,最终让学生学会学习,在思考中涵养智慧。学校的这一学习理念得到了家长群体的高度认可。的确,面对瞬息万变的国际国内形势,学校和家长都意识到,如果我们培养的孩子能够具有从容面对未来的能力,那我们还有什么可焦虑的呢[①]!

（三）评价理念的一致:从单一到多元

2019年12月,面对学校开办元年的首次期末质量检测,经过几轮认证,学校舍弃了传统的学科书面考试方法,集全校之力研发了"小学学生学业质量绿色评价体系1.0版",测评内容由学科走向综合,测评形式由书面走向现场,测评对象由个体走向群体,以评价改革撬动整个教学体系的变革,在社会上引起了强烈反响。在亲眼见证学校教师构建测评体系的用心,亲眼看见孩子在测评过程中的精彩表现,亲身体验测评标准的多姿多彩后,原先抱质疑与观望态度的家长也选择了认同。

二、家校行动的回应

《意见》提出:"学校要充分利用资源优势,有效实施各种课后育人活动,在校内满足学生多样化学习需求""为学有勃的学生拓展学习空间,开展丰富多彩的科普、文体、艺术、劳动、阅读、兴趣小组及社团活动"。每周一期的"博识课堂"就是高度契合"双减"精神的家校共建品牌项目,目前已开设56期。各行各业的精英家长走进校园,他们中有警察、律师、服装设计师、工程建设者、科研人员、企业家……他们为学校提供了充足的资源,给学生带来了广博的知识空间。"秒懂法律小百科""这身和平蓝,此生平安梦""时间管理""生活中的电路""红外传感——地面到太空的旅程""我是小小企业家""用记者的眼光看世界"……家长带来的这些"博识"主题课程,从天文到地理,从地球到宇宙,从现在到未来,从职业到梦想,拓宽了学生受教育的渠道,满足了学生想要了解体验不同职业、不同行业、不同领域的好奇心,对学生形成正确的人生观、世界观、职业观起到了示范引领作用。

---

①李春香. 家校共育视域下强化小学安全管理的路径思考[J]. 品位·经典,2022(5):90-91,118.

三、家校机制的协同

(一)课程强能:父母学堂

在"共育孺子"框架下,学校开办"父母学堂",旨在提升家长的教育能力,培养专家型父母,实现对孩子的良好教育。学校应定期开展"父母学堂"课程,制定父母必修课。学校聘请专业家庭教育专家为参培的家长剖析最前沿的教育理念,解读最新的教育政策,还能面对面传授成功的教育经验和独特的教育方法。"父母学堂"同时开设性格锻造、心理咨询、时间管理、习惯养成、阅读选择、亲子关系职业规划等个性化研修课程,家长可以根据孩子的特点进行选修,特殊儿童家长还能得到专业指导。家长每完成一期学习,即可获得相应学分和证书,6年后与孩子一起领取"毕业证书"。

(二)组织凝心:家长委员会

家长委员会是学校与学生、家长沟通的桥梁和纽带。班级家长委员会、年级家长委员会、校级家长委员会的成立,打造了一个心态开放、思路开阔、行动多维的教育共同体。家长可根据孩子的特点和自己的工作性质,对照条件,自主报名选择参加某一级家长委员会。通过学校筛选,成功加入的家长,享有相应层级的话语权,同时承担相应的职责,以民主的姿态,集纳所处层级内其他家长的建议,汲取有利资源,参与课程共建,做好家校协调,引领群体内的教育风向标,使学校政策及各项体制逐年优化。家长委员会委员任期一年,逐年轮换,能让更多有志于做好家校共育的家长参与到学校管理中来。

(三)积分笃行:家长伴成长

为激发家长参与的热情,构建良性家校教育生态,学校可设置"家长伴成长"项目,对家长参与的学校教育共建活动进行量化评价,根据家长贡献的大小设置不同的分值,在每学期的家长会上颁发积分证书,年终累加出总分,记入"学生绿色评价报告书"的"家长伴成长"栏目中。对积分优异的家长,在"父母学堂"上予以表扬奖励。积分的评比竞争,敦促家长高度配合学校的教育行为,达到一呼百应的合作状态。

实施"双减",在解放学生的同时也考量着学校的担当,检验着父母的智慧。如何自信地在"双减"的航道上踏浪前行,靠的是教师队伍的真本领,凭的是创新办学的真功夫,更源自本校家长群体所给予的发自肺腑的真认同、真支持、真配合。以"双减"为目标,家长用自己真诚的行动,交出了一份不成熟但令人欣慰的答卷。

四、家校合作的现状分析

本节根据研究现状和调研走访,设计了家校合作的调查问卷,并根据不同主体分为教师部分和家长部分,主要内容包括家校合作的沟通内容和方式、影响因素、主体关系、满意程度等基本情况,以及家校沟通交流、家长参与和配合学校管理、开展家庭教育指导等总体实施情况的评价等两部分。选取了部分中学进行调查,收集了81名教师和186名家长的数据,并进行了分析。

(一)家校合作的基本特点

第一,对家校合作的认识日趋加深。绝大多数家长和教师认为家校合作非常重要,80%左右的家长认为"家长和教师之间是合作伙伴关系",认为孩子的教育"家长和学校都有责任",只有18%的家长认为"应以教师为主,教师负责联系家长",说明对家校合作认识逐步加深,合作意愿日趋一致。

第二,家校合作的内容逐步丰富。调查结果显示,家长表示平时与教师沟通主要包括学习成绩、学习态度、课堂表现、行为习惯等,老师也表示与家长交流的主要内容是学生的成绩情况、家庭教育的知识、教育学生的经验等,沟通的内容日益广泛。学习态度、学习成绩、课堂表现仍然是家长希望与教师沟通的前三类内容,学生的身体素质、在家表现、教育观念和教育方式排在后三位,说明对传统教育的关注度仍占主导,对学生综合素养的关注仍然不够。教师请求家长配合学校工作、向家长介绍学生的成绩情况排在前两位,征求家长对学校工作的意见、向家长介绍学校的重要决策排在后两位,说明家校沟通的内容仍局限于传统领域,学校与家长间的互动和开放度仍不够。

第三,家校沟通的方式趋于信息化。调查结果显示,家长和教师都表示以"打电话或发短信、微信(群)或QQ(群)、家长会"为主要的沟通方式。同时,不足5%的家长表示通过家访、家长委员会、校园开放日等方式沟通,这说明线上沟通方式逐渐成为主流,双方能够方便快捷地交流,但沟通的效果和深度较面对面以及家访会大打折扣。

第四,家校合作的效果受多种因素影响。调查结果显示,56%的家长表示"工作忙,抽不出时间",45%的家长表示"缺乏家校合作相关知识",37%的家长表示"与教师沟通不畅通",还有的家长表示"学校不主动邀请""不太想沟通或参加学校活动,觉得帮助不大";61%的教师认为"家长参与家校合作的积极性不高",54%的教师认为"工作繁忙,压力大,没时间",49%的教师认为"家长的教育观念与学校相悖"。总体看仍有部分教师和家长间沟通不畅。

(二)家校合作的总体评价和存在的问题

1.机制制度方面

第一,大部分学校建立了家校合作的制度和计划。59%的家长和39%的教师表示学校在"建立家校合作的制度和计划并告知家长"方面做得非常好。但从部分家长和教师的反馈看,制度和计划还不够完善、公开和宣传做得还不够到位。

第二,对家校合作的开展情况和效果的评估有待加强。61%的家长表示"学校定期通过问卷调查等方式征求家长对家校合作的意见建议"方面做得非常好,38%的教师表示学校在"定期对家校合作的开展情况和效果进行评估和改进"方面做得非常好,可见,学校在家校合作的评估和征求家长意见方面涉及面不够广泛,改进措施和效果还有待加强。

第三,家长对家校合作工作的了解和支持还需加强。76%的家长表示"学校强调家校合作对学生的重要性"方面做得非常好,但只有40%的教师表示"家长对家校合作工作了解和支持"非常好,有近30%的教师表示一般或者较差。

2.家校沟通交流方面

第一,双方沟通交流的力度仍需加大。64%的家长和45%的教师表示学校能够利用不同的沟通工具,加强学校与家长的双向交流,但也有19%的教师评价一般,特别是有44%的教师表示家长在"经常抽出时间了解学生在校学习、活动等情况"方面做得一般或较差,每学期与学校联系1—3次的占50%,说明家校沟通的力度和频率还需加大,家长主动沟通的意识仍需加强。

第二,家访工作的力度和创新性不够。家访能够更加全面地了解学生家庭教育的背景,实现家校间深度的沟通和交流,更好地因材施教。48%的家长和42%的教师表示能够定期进行家访,说明家访这一有效方式在逐渐弱化,原因还是家长和教师时间、精力等不足,另外也说明家访的形式缺乏创新,局限于面访、电访等,在"互联网+"运用方面做得还不够。

第三,家校沟通的范畴需要扩大。绝大多数家长和教师都表示学校能够定期召开家长会,沟通交流学生学习等情况,但学习态度、成绩仍是沟通的主要内容,在学生特长、兴趣等个性特征方面的交流较少,只有43%的教师表示能够非常好地从家长那里获取学生的特长、兴趣等信息,对学生的变化反映沟通也不够有效。只有47%的教师表示能够非常好地在学生取得进步时及时与家长进行沟通。同时,有部分家长认为学校在设立学校开放日,邀请家长熟悉校园环境、文化和教学设施方面做得不够。

3. 家长参与和配合学校教学管理方面

第一,家长参与学校教学和课程改革较少。47%的家长表示非常好地参与校本课程的开发建言献策或进行监督评价,50%的家长表示非常好地被邀请参与学校的部分教育活动,48%的家长表示非常好地参与到对教学的评估,总体看来,不足一半的家长能够较好地参与学校教育教学。

第二,家长参与学校决策和管理不够。21%的家长表示学校在定期解释重要决策及家长关注的事情方面做得一般或较差。虽然能成立家长委员会等组织,但只有59%的家长表示能够非常好地在影响学生的事务上参与决策。同样,只有33%的教师表示家长委员会能够非常好地参与、配合和监督、评价学校的教学和管理,发挥桥梁作用。另外,只有52%的家长表示有机会接触校领导并反馈对学校的总体意见。

第三,家长参与学校管理和活动的积极性、主动性不强。只有37%的教师表示家长能够非常好地参与学校组织的各项活动。47%的教师表示家长主动担任学校志愿者方面做得一般或较差。只有31%的教师表示家长非常好地主动配合学校的各项要求。

4. 开展家庭教育指导方面

第一,家长的家庭教育素养仍需提高。45%的家长表示缺乏家校合作方面的知识,45%的教师表示家长掌握一定的家庭教育知识一般或较差。

第二,学校对家庭教育的指导力度不够。不到50%的家长表示学校能够非常好地通过开设家长学校、开展家庭教育讲座、编制家长指导手册等方式,对家长进行相应的教育知识和亲子交流知识的宣传培训。但有超过30%的教师表示在帮助提高家长教育能力、家长积极参加学校组织讲座培训等方面做得一般或较差。

第三,家校在家庭教育方面沟通的实效性需加强。只有32%的教师表示能够非常好地与家长分享家庭教育相关的书籍、文章,只有64%的家长表示遇到困惑时,能够非常及时地从学校、教师或者专业人员处得到咨询和解答。

5. 单方面用力,合作效果欠佳

现在很多学校和家庭的合作方式还处于初步的实践阶段,对学生的学习很难起到积极的影响。而且家校合作仅停留在学校单方面用力的层面上,在制订家长辅助孩子学习计划时,大多数学校仅从自己的角度出发来考虑问题,而作为孩子的家长仅仅是被动地接受安排和配合,并没有发挥家庭对孩子教育方面的指导和影响作用,这样被动式的合作形式很难发挥家校合作的积极作用。

6. 合作范围局限,不利于素质教育的有效实施

目前我国小学教育中的家校合作关注点仍然放在学生的学习成绩上,而对于除学生学习成绩之外的心理素质、品质素质、成长教育及行为

规范等方面的教育存在着严重不足的情况。

7.合作方式单一,缺乏有效的家庭指导教育

目前我国小学教育家校合作中,严重存在缺乏实际经验的情况,家校合作的方式一般停留在"家长会、家长联系簿"方式中,借助的都是国外的家校合作经验,并没有结合我国当前的教育现状采取有效的家校合作方式,这样仅一味地模仿不去分析我国的教育实情,很难取得良好的家校合作效果,这也是导致我国小学教育家校合作问题重重的原因之一。同时,目前实施的家长会及家长联系簿也不具备科学的规则和制度,成员间并没有相互沟通的意识及习惯,学校和家长之间如果没有特殊情况的出现也不会去积极联系,使得现有的机构并不能发挥出应有的作用。

五、完善家校合作工作的改进措施

从调查情况看,家校合作日益得到重视,家长和学校对家校合作的正确认识和共识不断增强,家校合作的内容、形式不断丰富和多样。但是,受时间和空间、教育知识和理念、沟通意愿和能力、合作方式和内容等多因素的影响,家校合作在支撑学生全面发展方面的效果和作用仍然有很大差距,需要从下面几个方面进行改进。

(一)健全和完善家校合作机制

教育主管部门应加强对家校合作工作的指导和评估,支持和鼓励基于校情、学情和生情的家校合作机制创新和实践。各所学校要加强组织领导,建立和完善家校合作育人的管理体系,包括家长委员会、家长学校、家访等各类制度规范,明确责任、权利和义务,形成制度化、规范化和科学化的合作共育体系。制订各年度的工作计划,加大对分管德育工作的校长、中小学德育主任、班主任、德育课教师等主体的培训力度,积极开展家校合作科研和实践,组织经验交流和研讨。

(二)加强家校沟通交流

进一步拓展家校沟通的范围,围绕学生全面发展,以学生核心素养为基本信息,摆脱过度聚焦成绩、忽视综合素养的片面内容。创新沟通方式,充分利用信息化和互联网,提高交流的时效性、精准性和深入度,形

成学校、教师和家长信息畅通共享、互信互谅的良好氛围。定期开展家长和学生共同参与的参观体验、研学旅行、志愿服务和社会公益活动,通过丰富多彩、生动活泼的文体活动增进沟通和交流。及时了解、沟通和反馈学生思想状况和行为表现,营造良好家校关系和共同育人氛围。

(三)建立完善家长参与机制

进一步完善家长委员会机制,将家长委员会纳入学校日常管理。定期通过校园公开日、家长会、家访等方式,引导家长了解学校育人规划、教学计划、课程改革等各项教育工作,积极听取家长对学校教学和管理的建议,鼓励家长参与、配合、监督、评价学校教学和管理,通过主题班会、志愿者等方式积极主动参与学校各项活动、配合学校各项工作,在互动中构建起合作共有的平台。

(四)强化家庭教育指导

将家庭教育指导服务作为重要任务,办好家长学校,把家长学校纳入学校工作的总体部署,帮助和支持家长学校组织专家团队,聘请专业人士和志愿者,设计较为具体的家庭教育纲目和课程。通过开发家庭教育教材和活动指导手册等,加强对家长家庭教育知识、家校共育知识等方面的培训,通过公众号、班级群等渠道,与家长分享家庭教育相关的书籍、文章宣传,及时解答家长的困惑和问题,帮助家长掌握教育子女的科学知识和方法。邀请有关专家、学校校长和相关教师、优秀父母组成家庭教育讲师团,面向广大家长定期宣传党的教育方针、相关法律法规和政策,传播科学的家庭教育理念、知识和方法,定期组织开展形式多样的家庭教育指导服务和实践活动。

(五)加大社区支持力度

各所学校要与共青团、妇联、民政等部门密切配合,推动建立街道、社区(村)家庭教育指导机构。依托青少年宫、社区活动中心等公共服务场所,为孩子及其家庭提供家庭教育指导服务。关心流动儿童、留守儿童、残疾儿童和贫困儿童,开展适合特殊儿童群体特点和需求的家庭教育指导服务和关爱帮扶。

(六)加强督导评估

把家庭教育工作作为中小学综合督导评估的重要内容,加强对家校合作的评估,构建科学合理的家校合作评价指标体系,并定期进行评估,作为学校考核的重要内容,达到以评促建、以评促改、以评促优。

综上所述,家校合作涉及教育管理部门、学校管理者、班主任、任课教师、父母、学生、社区、社会组织等多元主体,涉及体制机制、沟通交流、活动组织、指导培训、考核评估等多项内容,是一个系统性的工程,需要在"双减"政策的大背景下,从实践和理论层面进一步深入探索和总结,真正达到家校共育,推动学生的全面发展,实现立德树人的目标。

六、"双减"背景下家校合作共育策略

"双减"文件落地,"减"两个维度的内容:①"减"学科类校外培训;②"减"义务教育阶段学生课后作业负担。在教育回归家庭的趋势下,探究家校合作共育的策略有了价值。第一,家校合作即学校与家长共同承担儿童学习与成长的责任,是学校教育制度的重要组成部分。从狭义的角度看,家校合作共育双方观念上达成一致是可能的。从广义的角度看,这种观念包括对教学内容、教学方式等教育规律共性的认知。第二,广义的家校共育是指广义上参与教育的一切社会成员对教育问题的认知、对教育问题实践之后的再修改与再提高。如此,家校合作共育就要求学校与家庭做到时间同步、各尽所能,相互配合、相互补充,才能相得益彰。

"双减"政策的颁布,是势在必行的结果,是国家教育发展的必然趋势,是国家对教育培训格局的重大举措,是教育观念的大变革,不仅对学校教育育人体系进一步进行科学定位和整体优化,也为家庭教育回归本源,缓解焦虑,发挥自身独特的教育功能指明了方向。家校合作是指家庭与学校以沟通为基础,相互配合,合力育人,使孩子受到来自两个方面系统一致、各显特色、相辅相成的教育影响力,形成多种终身受益的必要素质,更好地实现社会化。

家校合作实践中存在的主要问题是:理解不足,认识有限;方法欠缺,边界不清;组织松散,管理不善;注重形式,时间仓促;内容狭窄,深度

欠缺;挑剔居多,合作不足;单向为主,缺乏互动。家校合作共育能够更好地将两者的教育优势结合起来,进一步完善教育体系,全方面地促进孩子的身心健康与学业进步。由此,家校合作共育在教育环节中有着重大的意义。

(一)"双减"政策下探析家校合作共育策略的可行性

"父母是孩子的第一任老师,家庭是孩子的第一所学校。"法律法规的制定,意味着教育孩子从"家事"上升到"国事",是道德伦理日常,也成为法律规定的义务,家庭教育的重要性不言而喻。"减负"的最终目的是减少学生的学习压力,能让学生成长为德智体美劳"五育并举"的青年。"减负"并没有减少家长的责任;"减负"也没有减少孩子的成长历程。反之,它更要求家长以身作则,履行做父母的责任,为孩子的未来负责;真正好的家庭教育不在于给孩子多好的物质条件,不在于给孩子多富足的生活,不在于给孩子报多少课外辅导班,而在于家长是否真正参与孩子的成长。因此,面对减少了学生学习压力和课外培训的"双减",家长的责任更加重大,家长需一人分饰多角,全方位地参与孩子的成长。

"双减"工作的全方面启动,对学校的要求也更为严格,学校教育要思考如何提高教学质量。学校教育要着眼于高质量教育方式,增强学校在教育中的主阵地功能,改革学校教学模式,上好每一堂课,提高课堂时效,探索作业的优化设计等一系列问题,实现共研共享,做到减量不减质,让学生在学校学足学好。由此,学校教育与家庭教育在现阶段尤为重要,实现家校合作共育是我们亟须思考的问题。在我国,"减负"已经提出了多年,针对学生课业负担过重等问题,各种专家学者早已从各个角度展开了专题研究,但针对"减负"背景下的家校共育教育功能、家校共育教育指导策略方面的研究内容还相对较少。两者之间如何互补、如何促进、如何协调,值得我们深入思考与探究。这既是对家庭和学校的挑战,也是我们探究出新的家校合作共育方式的契机。

(二)小学家校合作共育模式的现状

只有学校教育而没有家庭教育,或者只有家庭教育而无学校教育,都不能完成培养人这一极其艰巨而复杂的任务。家庭和学校是两大"重要阵地",父母和教师是两类"重要导师",家庭教育与学校教育是密不可分的整体。近年来,各级教育部门和学校十分重视家校合作共育,把家校合作共育放在突破教育发展瓶颈的重要地位。各级教育部门和学校多次尝试家校合作共育的方法。但面对"三孩"政策、5G技术高速发展、初高中考试招生制度逐步改革等内外因素的影响,家校合作共育模式中有一些顽疾难以根治,家校合作共育从理念到实际,面临着许多困境,难以有效运行,最终出现家校合作共育流于表面的形式主义。其中,单向输出的合作层次与单一且形式化的合作方式是主要弊端。

(三)学校单向输出的合作层次

单向输出是指一方发布信息,另一方单纯接受信息。接受信息之后,家长没有回馈,双方的位置不交换,家校合作共育的价值就无法实现。

家庭、学校直接决定着孩子的生活品质,影响着孩子的生命内涵。小学家校共育质量直接关乎孩子的成长环境,对一个未成年人的成长意义重大。在家校合作共育实施过程中,学生和家长对于家校合作共育的模式不重视,对于学校在开展工作过程中提出的建议置之不理。面对学生身上存在的亟须改正的问题也熟视无睹,如此导致开展家校合作共育难以顺利开展。除此之外,一部分家长更容易接受传统的学校教育模式,接受学校权威性的教育理念,很难接受新型的家校合作共育模式,根本不了解自身在家校合作共育中的重要意义和有效作用;还有一部分家长忽略了自身教育的重要性,认为学生的教育应该是学校的事情,由此家校合作共育走向了学校单向输出的合作模式。例如,笔者所带班级一名学生家庭条件优越,父母给孩子安排各种艺术培训,参加各种校外艺术比赛,这名学生在艺术方面成绩突出,但是这名学生每天坚定明星梦,上课越来越不认真,学科测试越来越差,常常表现出一副很懒散的样子,与家长沟通,家长要么无任何回应,要么拒绝沟通,认为孩子的教育是学校的责任。归结原因,是家长疏忽了自身的引导和教育作用。家长不够重视自身的教育作用,只认为教育是学校的责任。久而久之,家校合作共育就会流于单向的沟通输出模式,发挥不出重要的作用。

（四）单一且形式化的合作方式

传统的家校合作方式以"家长会"与"一对一约谈"为主。其中，"一对一约谈"主要表现为教师约谈家长，属于单向输出的家校合作方式。"家长会"形式就成了主流的家校合作方式。这种学校和家长进行交流的主要方式，依旧无法有效地促进教育教学，反而会给班主任的工作带来许多困难。传统的家长会存在以下几大问题：

1."家长会"

原则上是一种以家长为主体的家校合作形式。但在实际操作中，班主任是家长会的绝对主角，既是"会议策划者""主持人"，又是"发言人"。一场会议下来，家长几乎没有发言的机会。没有发言的机会，必然就丧失了家长会的初衷。本应作为主角的家长，成为会议的旁听者，或者是家长会内容的传达员。这样的家校合作模式既浪费双方的精力，又消磨了家长参会的积极性。

2.形式呆板、效率低

传统的家长会分为"三部曲"：一、班主任介绍阶段性成绩、反馈学生学情；二、班主任安排介绍下一阶段工作，并提出学习要求；三、家长与班主任、科任教师一对一沟通。家长会的时间是有限的，直到家长与教师一对一沟通结束，需要一个下午，甚至到晚上，但是除了最后一个环节，家长几乎没有说话的机会。

3.氛围严肃、枯燥

家长会的内容集中在以下几个方面：学校以及科任教师的介绍、班级组成的介绍、班级的管理要求以及学生阶段性学习的汇报。班主任将学生的问题历数给家长，最终导致家校合作的会议成为学校向家长灌输怎样教育孩子的"培训会"。如果班主任把家长会的中心放在学习和纪律的通报，必然会牵涉到对学习、行为较差的学生的反复点名批评，在分析本阶段学生存在的问题时，多数班主任一副严肃法官的模样，势必导致整个家长会场面十分严肃，家长思想压力巨大，挫伤了家长参加家长会的积极性，拉大了家长与学校的距离，违背了家长会的初衷。

家庭和学校既要理性全面认识现在的教育大背景，也需从现实层面调适策略、搭建平台,形成家校共融、有效互动、有效互补的新局面,从而促进学生的综合性的发展。

(五)家校合作共育的实施策略

1.各司其职,合作共育

家长与学校各司其职实际上是要强化边界意识,各司其职才能合作共育。一方面,家长要警惕权利意识觉醒后的角色扮演的错位。比如,家长自行随意决定学生是否参与学校统一教学活动、家长过度干涉教师教学方式,特别是年轻教师的班级管理方式。家长始终要相信教师对教育教学的专业性把握,充分的认同与尊重学校和教师的专业身份与教育活动。另一方面,作为教育主体的学校和教师也不能转嫁教学任务和教育职责,以至于高估家长参与学生教育教学活动的精力和能力。比如,网络上出现的有关教师要求家长自行检查或批改作业、家校微信沟通群里面教师踢家长出群的现象,这都是教师方面行为越界的表现。

2.减负课业,创新合作形式

为了更好地实现家校合作共育,学校要重视教学质量的提升效率;学校要充分地根据学生的个性化特征,因材施教来设计合适的有梯度的教学计划,特别是家庭作业部分的设计,便于家长课后协同管理,力保在"减负"的同时,不减学习的效果。学校教育落实"双减"政策主要围绕全力提质课堂质量、减负课业与优化家庭作业、灵活实施课后活动、探究新型家校合作共育形式四个方面进行。

学校统筹管理、规定作业的总数量与总时长,书面作业平均完成时间不超过60分钟;以具体学情为依据,设计不同层级的作业形式,即以基础题为主体、能力提升题以及思维拓展挑战题为辅的梯度式作业,让学生作业具有选择性;加强作业完成度指导,提高在校讲解作业的效率以及一对一批改的针对性,做好答题辅导;家长再监督之后的复习、总结部分的工作。结合学生的生活,设计趣味性、创造性、生活化,家长参与度更高的作业形式,让学生能够积极主动而不是被迫完成作业。比如探究家长与学生合作主题课程,学生带家长进课堂当"老师",为班级授课,带领班级参观父母工作场地、生态基地,博物馆、科技馆等场所,形成主题课程,并参与编写校本课程教材。

结合家庭情况,设计不同的家校沟通形式。改变传统家长会模式,创新家校合作共育沟通的新形式,家长会以表扬学生为主,由"告状会"变为"汇报会""展示会""成长会"。笔者提出以展示为主的"三个一"家长会形式:第一,"一份精彩的课件"展示学生多姿多彩的校园生活;第二,"一个文件袋"展现学生阶段性学习成果、学习生活;第三,"一张评价表"总结汇报学生阶段性努力取得的成绩。评价表上设置"书写自我内心""教师寄语"以及"家长寄语"部分。其中"家长寄语"部分是空白,专门留给家长在家长会后给学生以鼓励。"三个一"致力于让家长直接感受学生在学校的表现,真切地参与到学校的活动中,是沟通家长与师生的桥梁。

利用新媒体,提高家校交流效率。为了提升家校沟通效果及质量,应通过搭建家校沟通平台的形式,为家长和学校之间能够及时有效地进行沟通和交流提供机会。近年来,互联网技术飞速发展,学校和家长之间会建立各种微信群和QQ群,以便双方进行沟通。在2018年召开的全国教育大会上,发展"互联网+教育"由李克强总理提出,要求加大对新媒体技术的利用,以此来完成对大数据分析的家校沟通平台的建立,在群中及时发布学校的相关信息,为家长和学校之间实现无缝沟通提供便利。另外,平台中会收到大量关于学生和家长的反馈信息,实现了对学生和家庭信息资料库的建立,为家长和学校及时沟通提供了极大的便利。

3. 社会协助,合作共育

学生是社会的基石,家庭是学生教育长跑的"起跑线"。聚焦家庭教育问题,各社区、社会公益组织以及社会文化类群体,应发挥家、校、社共治作用,建立家庭教育共育机制,提供以"专业性、多样性、参与性"为特点的社区教育与家庭教育服务。特别是在"双减"政策之后,各社区可举办各类志愿服务,比如"社区学校"开课,社区牵头举办家长大讲堂,"家教讲师团"参与教学,形成科学的家庭教育、传承传统文化、普及法制教育等一系列课程。社区参与家校合作共育,切实帮助家长解决如何更好地处理与孩子的关系、如何帮助孩子克服生活中的焦虑,让更多的家长通过参与社区志愿服务,扮演好青少年"暖心、知心、强心"的家长角色。

教育是一个民族发达的基础。重视教育不仅在于经济的投入,更在于政府的支持,在于社会的参与,在于教师和家长不断的自我提高。"双减"背景下,教育者需提高自身的能力,有更多的课题值得探讨。探究家校合作共育的策略,如何创新家校合作共育的有效方式、进一步改善家校合作共有的大环境等问题,都亟待寻找答案,"十年树木,百年树人",教育事业任重道远。

在小学教育中融入家校沟通,有助于家校关系的改善,使家长与学校之间的距离明显缩短,强化了家长对教育的理解,促进了教育的深化。在新媒体环境下,构建完善的家校沟通机制,搭建大数据分析家校沟通平台,使家长和学校参与教育的积极性明显增强,家庭教育质量及教育水平显著提高,完成了对良好教育生态的打造,实现了家校共育,为培养社会主义接班人及德智体美劳全面发展的学生作出了突出的贡献。

第二节　基于"双减"背景的家校合作共育的有效性研究

"减轻学生作业负担,减轻学生校外培训负担。"在"双减"政策公布后,教师和家长曾一度陷入迷茫。教师说:"不布置作业了,知识怎样巩固? 如何提质增效? 如何促使学生全面发展?"家长要问:"不布置作业,孩子回家怎么约束? 不上培训班,学习成绩怎么提升?"

深入解读"双减",原来"双减"是为了对校外培训实行持续的规范,是为了让学校育人水平得到切实提升。在减轻学生过重的作业负担、减轻学生校外培训负担的同时,达到强化学校教育主阵地的作用,也让家长的压力得到有效缓解,并让学生在"双减"下全面发展、健康成长。"双减"政策对于教师、家长、孩子都是一次新的挑战,如何顺应教育改革要求,让教师、家长尽快在课改中成长,通力合作,让孩子在改革中能最大化地受益,是我们当前最迫切需要解决的问题[1]。

一、召开家长会,解读"双减"政策

新政策的出台,家长产生众多疑惑是理所当然的,我们要及时召开家长会,向他们解读"双减"政策,并就他们担心的、关心的问题一一解答,让他们对"双减"政策有个透彻的了解。

我们学校刚执行"双减"政策,实施课后延时服务时,很多家长也是不解,还觉得要收延时费,就是看着孩子做作业,这不是变相地把校外辅导的钱给学校老师挣了吗?心里很是不满意。虽然因为疫情不能召开家长会,但我们每个班都在班级群里积极宣讲"双减"政策,让家长对"双减"背景下孩子的作业要求、考试要求、校外培训等有了正确认识,并对孩子回家后的空闲时间的安排给予合理建议,让家长看到"双减"后孩子的发展更具自主性,更利于孩子个性发展。现在,我们班的家长都非常支持"双减",因为孩子回家后不再为作业愁眉不展,脸上都张扬着自信。孩子们也在减负后变得更活泼开朗,他们在操场上快活地游戏,走廊上、教室里也常能听到他们开心的笑声,他们拥有着真正快乐的童年。

二、家长进校园,体验"双减"教育

"双减"后,家长最担心的还是孩子的成绩会不会下降,他们在学校里到底是怎样学习的?教师真的做到了作业减负吗?让家长进校园的目的,是为了他们在教学制度、教育制度、生活制度中参与到学校的管理,参与到班级的管理。同教师一起,解决教育教学中出现的问题,让学校教育和家庭教育共同发展。

参与教学制度,就是让家长走进课堂,参与到学生的学习中,让他们在班级的课堂学习氛围中,更好地了解教师及教师的工作,亲眼看到学校"双减"后课堂教学的精彩、学生课堂的收获,然后在心里更加信任并认同学校,积极响应"双减"。

参与教育制度,是为了增进学校和家庭教育的沟通,拉近学校和家庭

---

①孙云晓,蓝玫.家校合作共育:中国家庭教育的新趋势[J].教学与研究,2021(2):113.

教育的距离、凝聚学校和家庭教育的情感。在班级日常的管理中对犯错学生的教育,让家长看到孩子在学校里教师对他们成长的要求比在家里更严格,教育管理也更科学到位。教师还可就学生管理教育问题同家长探讨,并指导家庭教育,让家长明白家庭教育必须配合好学校教育,才会利于孩子成长,也使教育更有针对性、更具实效性。

参与生活制度,就是让家长走进学校,继而走进食堂。我们班曾有家长反映说食堂饭菜不好吃,孩子吃不饱;也有家长说菜整理不干净,孩子吃不下等。家长走进食堂,亲眼看看食堂师傅的操作,亲自陪同孩子就餐,亲身感受餐厅氛围,他们会发现他们所说的很多问题都不过是孩子娇养后的片面之词,学校的一切都是最大程度服务好学生的。这样既宣传了学校教育,也让家长进一步认识到学校教育主阵地作用,并更好地支持配合学校教育。

三、家长勤指导,提升家教成效

在教育中我们发现,学生只有在方方面面都相辅相成才能全面发展。家庭教育和亲子教育就是全面发展的催化剂。

"双减"后,学生回家后的闲暇时间多了起来,做好家长培训,让家庭教育落到实处很重要。孩子回家后做什么? 家长可以做些什么? 作为教师,要适当引领。笔者常通过家长群,安排亲子作业,并指导家长怎样去做好。比如,安排亲子阅读,让家长和孩子共读一本书,完成阅读手抄报比赛,不仅增加了积累,提升了阅读能力,作文水平也提升不少。比如,学习一项手工技能,开展技能比赛,很多平时腼腆害羞的孩子也扬起了自信的笑脸。比如,亲子运动,每天锻炼半小时,在运动会的比赛中,又有好几个学生展现出了运动特长,为班级争得新的荣誉。比如,共上一天班、同做一次家务劳动,就是为了让学生在体验中学会劳动并热爱劳动,让家长在陪伴孩子中既有章可循,又规范了孩子的闲暇时间,增进了亲子感情,一举几得。

四、课堂精心打造,确保提质增效

要提高课堂效率,以达到减负不减质的效果,那么教师在课前的准备工作必须非常充分。"台上一分钟,台下十年功。"针对教师而言那就不仅仅是"课上40分钟,课前整晚功"。有许多教师甚至连着几天都在构思新课的教学思路、教学设计及课堂架构。

那么什么样的课堂是高效课堂呢?一个高效的课堂,必须做到"四有":一有精准的教学目标。在课前要做到了解学生,确定策略;钻研教材,吃透教材;解读课标,把握方向;熟知内容,找准难点;选对方法,突破难点。二有合理的教学方式。俗话说:"条条大路通罗马。"我们要圆满地完成教学目标,有很多方法。不同的学生、不同的教师、不同的场合,所采用的方法未必相同,我们只有根据班级学生特点及不同层次选择恰当的教学方法,才能达到教学最佳效果。三有愉悦的教学氛围。教师和学生在和谐的课堂氛围中不断互动,进行交流对话活动,让学生在活泼热情中、轻松愉快中兴致勃勃地发挥出更好的想象力,以最好的学习状态进入到课堂知识的学习与掌握中,这样才能真正焕发出高质量课堂应有的魅力。教师还要注重激励性的评价言语,要关注学生的每一点进步,帮助学生发现自我、肯定自我,从而不断进步。教师还要善于倾听学生的想法动态,学会怎样让学生打开思维,为学生提供一个创造想象的平台,让学生踊跃发言,了解学生的动态情况,有针对性地对学生进行引导和指引。四有实在的教学效果。一堂课的效果如何就是看教师是否圆满地完成了"精准的教学目标",既要有学优生的提升,也要有学困生的进步;既要有知识的掌握,更要有学习能力的形成。这样的课堂才是教育要达到的减负不减质,才是减负后学生需要的实效课堂,才是"双减"背景下家长满意的有效课堂。

五、教师常家访,夯实家校共育

在教育界流传着这么一句话"五加二等于零"。意思是:学校辛辛苦苦地正面教育了一周,却难以抵挡住家庭两天的消极教育。它说出了家校联手共同教育孩子的必要性和重要性。那么如何搞好家校沟通实现家校共育呢?

最直接、最方便、最常用的一种家校沟通方式是面谈和家访。笔者常会对班上表现出现偏差的学生进行家访,向家长反映该学生在学校的学习表现情况,并了解其在家里的详细情况,然后和家长一起针对孩子出现的情况分析原因,当面询问孩子的一些想法,肯定其优点的同时共同找到问题所在,并形成改正建议。这样面对面的交流,能让学生更好地认识自己,教育效果明显。

著名教育家苏霍姆林斯基说:"学校和家庭的教育必须在行动上要保持一致,在对孩子提要求的程度上也要保持一致。也就是说要志同道合,坚持从同一个原则出发。"这样对于孩子的健康人格的形成和学习成绩的提高都是非常有利的。

六、增强家校共管共育意识,明确家校责任

苏霍姆斯基说过,只有学校教育而没有家庭教育,或者只有家庭教育而无学校教育,都不能完成培养人这一极其艰巨而复杂的任务。家庭是孩子的第一所学校,父母是孩子的第一任老师,家庭教育是整个教育的基石,对孩子的健康成长有着重大的影响。学校是学生接受教育的重要场所,有规范的管理、专业的师资、丰富的设备设施,所以说学校教育是核心,对孩子的成长起着关键作用。只有二者有机地结合,才能形成教育合力。

家庭教育和学校教育都应以孩子为教育主体,相互配合,形成教育合力,才能促进家校合作的有效开展和顺利进行,保障孩子能够健康成长,让孩子充分享受来自教师和家长的关怀,享受教育给孩子带来的欢乐。因此,为了确保家校合作的实效性,学校和家长都必须树立共育意识,明确孩子在成长过程中自身所应承担的责任和义务,这样双方才能在此基础上进行有效的互动与配合,让每个学生都真正的成才。而想要达到共育意识,需要学校及教师改变自己高高在上的态度,要充分尊重家长,明白家长对学生教育的重要性,确保教育的同一性。

同时,教师要及时与家长进行沟通,从生活、学校两个角度着手来开展教育;而对于家长方面,则需要意识到自己言传身教对于学生的影响,要善用积极的正面的言传身教来引导孩子朝着正确的方向发展。

七、合理利用多方力量，提高家校合作能力与效率

家校合作并不是只需要家长进行学习，还需要学校方面的积极配合与参与，学校方面要倾听学生家长对教育工作的建议和意见，确保家校合作方式的针对性、科学性、有效性。因此，学校要善于运用多种方式来帮助家长完成对孩子的教育。比如：开办培训班、请专家答疑解惑、家长经验交流、配发学校印制的材料、对学生家长进行辅导等。这样可以在一定程度上消除家长在教育孩子方面的一些误区，让家长懂得家校共育对孩子成长的必要性和重要性，使家长掌握一些教育孩子的方式方法，双方齐心协力、齐抓共管，以促进学生良好习惯的养成。

还可以通过家长讲座的方式，向家长反馈学生在学校各方面的表现，帮助家长搜集不同阶段孩子容易出现的各种生理、心理问题，及时帮助学生解决问题，确保学生的快乐成长。同时，教育机构应该积极对家长进行指导与资金支持，使家长对孩子的指导更具针对性。此外，学校可以设立专门的家长热线，一来能更好地支持家长的教育，二来能对教育知识进行更好的宣传，让家长更透彻地了解孩子的心理，引导学生获得全面的发展。相信通过这样的良性循环之后，家校合作的教育作用会淋漓尽致地发挥出来。

八、加强多元化联系渠道的运用

第一，针对目前小学教育中家校合作随意性强的弊端，可以通过选择来自社会各阶层懂教育、甘愿奉献、教子有方的家长成立家长委员会来直接参与学校管理，有利于家长了解学校的教育方法、目标，有利于形成教育合力，促进孩子的健康发展。

第二，建立科学的家访制度，实现家校有效沟通。形成教育的合力。学校可以号召班主任、科任教师等深入学生家庭，及时把新理念、新方法送给家长，把关爱送给单亲家庭、离异家庭、贫困家庭的孩子，重点了解学生在家的学习习惯、生活习惯，认真听取家长对学校的意见和建议。

第三，现代社会中网络交流手段和媒介很多，家校可以通过QQ、微

信、微博等方式来对某些问题进行即时讨论,及时制定合理的教育方式,为学生的健康发展提供有力的保障。

综上所述,目前我国小学教育中家校合作还处于初步发展阶段,理论知识、实践经验都比较匮乏,无论是学校还是家长都要充分认识到家校共建共育的重要性,提高合作共建教育意识,明确自身责任,教育才能有成效,才能促进学生获得全面的发展。

"十年树木,百年树人。"家庭教育不仅仅是学校教育的基础,还是学校教育的补充。我们要充分认识到家校共建共育的重要性,也要提高教师和家长的合作共建教育意识,让"双减"教育的途径得以畅通,"双减"教育的成效得以凸显。

第三节　基于"双减"背景的家校共育中教师的指导作用分析

中办和国办印发了《关于进一步减轻义务教育阶段学生作业负担和校外培训负担的意见》,被称为"双减"政策,主要是指减轻义务教育阶段学生的作业负担,压减学科类校外培训。传统教育背景下,面对学生过重的学业压力和作业负担,在校外培训机构的影响下,家庭教育支出增大,家长需要耗费更多的精力。为缓解时下的教育焦虑,促进学生德智体美劳全面发展与健康成长,从而发布与推行了"双减"政策。在"双减"的背景下,小学家校共育中教师应当发挥指导作用,做好课后服务,指导家长更好地培育孩子,从而更好地提高小学教育效果。

一、"双减"的内涵及其要求

根据"双减"政策,关于"双减"主要可以总结为管控作业数量、提升课后服务水平、规范校外培训行为。对这些政策又做了具体的要求,比如:要求全面压减作业的总量与时常,小学一、二年级不布置家庭书面作业,三到六年级书面作业的平均完成时长不超过1小时等;课后服务时间原则上不早于当地正常下班的时间等。针对"双减"的内涵及其要求,小学阶段实施家校共育,教师要充分发挥指导作用①。

二、小学家校共育中教师的指导对策

(一)构建科学高效的课堂

立德树人背景下,应当根据学生的身心特点与成长规律,结合学生的天性,促进学生德智体美劳全面发展。在教育减负的大背景下,应当转变过去的教育思路与教学理念,更加重视提质增效,构建科学高效的课堂。过去的课堂教学比较无趣、较为压抑,大都是以教师单独讲解为主,学生只能被动学习,无法培养学生的独立思考能力与自主学习能力。新时期的教学中,教师要重视激发学生学习兴趣,调动学生学习积极性,促进学生自主学习与合作探究学习。

构建科学高效的课堂,是落实"双减"的基础,是减负增效、提质增效的重要保障,只有在课堂上作出变化,改变过去灌输式的教学方式,引领学生积极主动地学习,才能让学生参与整个知识形成过程,从根本上掌握知识,做到灵活运用各类知识,提高课程知识的学习效果。在此基础上,学生只要做少量的作业,就可以更好地掌握相关知识,家长不用再为此操心。

(二)重视减轻作业的负担

"双减"背景下,关于小学家校共育中的教师指导,核心要素是重视减轻学生作业的负担,根据教学目标与课时内容,精选题目,布置更为科学的作业。这样不仅能够减轻学生的负担,还可以避免学生家长耗费更多的时间与精力。

关于减轻小学生的作业负担,主要从以下几个方面具体落实:第一,根据课程内容精选典型的题目,减少题目的数量,提高题目的质量;第二,避免作业形式主义的问题,取消应付检查的作业;第三,要控制作业的难度,创新作业的形式,要布置少量的书面作业,多布置一些口语作业、社会调查、动手实践等类型的作业;第四,尽可能不用软件平台,而是要当面布置作业,让留守儿童一样可以做好作业;第五,教师要坚持自己

①马瑞娟. 小学"融合式"家校共育课程的开发与实施[J]. 现代教育,2020(2):9-11.

检查与批阅作业,根据学生作业反馈情况进行相关指导。教师还要通过电话、微信等方式,加强与学生家长的联系,让家长为孩子创造良好的学习环境,不在孩子面前玩手机等,让孩子可以安心做作业。

(三)创设丰富的课后服务

"双减"背景下,关于小学家校共育,教师发挥指导作用,还体现在课后服务方面。"双减"政策要求有效减轻学生的课业负担,激发与培养学生学习兴趣,促进德智体美劳全面发展。因此,在日常学科教学之外,还要充分利用课后服务时间,创设丰富多彩的课后服务,各学科教师要积极发挥指导作用,不仅可以为学困生补习功课,而且可以开发学生潜力,凸显学生个性,引领其健康发展。

在课后服务中,教师要指导学生根据自己的兴趣爱好组建兴趣小组,开展社会活动,积极参与文化、艺术、体育等活动。比如读书交流组、歌唱组、围棋社、手工创作团、传统文化研究组等,根据兴趣小组或者社团的性质,定期组织一些相应的活动,教师要指导学生积极参与其中,可以为学生创设更广阔的成长路径、更多样的成长方式。小学生可以充分发挥自己的特长,实现全面而健康的发展,教师通过与学生家长联系,获得家长的认可与支持。

(四)达成规范的家校合作

过去有很多家长为了"不让孩子输在起跑线上",花费大量资金为孩子报各种课外辅导班,虽然一定范围内提高了孩子的学习成绩,让孩子获得了一点技能,但是孩子本身往往是不快乐的,不利于孩子健康成长。在校外培训机构受到严格管控的背景下,家长要更加重视自己进行家庭教育,家长要在教师的指导下,配合学校对孩子做好各方面的教育指导。

对学校的班主任和学科教师,要通过家长会、家长学校、家长委员会、亲子活动与学校开放日等,先向学生家长宣传国家推行的"双减"政策,让家长理解与支持这项工作。教师要重视指导家长学习科学的、实用的、容易操作的家庭教育方法,让家长可以更好地辅助学校教育。教师还要通过电话、微信与家访等方式,定期与家长联系与沟通,使其形成正确的教育理念,共同促进孩子健康成长。

综上所述,"双减"背景下,在小学家校共育中,教师应当积极发挥指导作用,根据"双减"的核心内涵,从多个方面加强与家长的沟通联系,做好教育指导等工作,切实减轻学生的课业负担,加强与学生家长的沟通联系,通过发挥家校合力,促进小学生健康快乐地成长,实现德智体美劳全面发展。

第八章　基于"双减"背景的小学语文教学研究

第一节　"双减"背景下的小学语文教学模式探析

一、"双减"背景下小学语文教学模式

（一）构建先学后教的教学模式

小学阶段的学生自主学习的能力相对较低。新课改强调要突出学生的主体地位，让学生的自学能力得到一定的培养。课前预习是培养学生独立自主的学习能力重要的途径和手段，但是目前很多学生预习的效果并不是特别理想，主要是因为很多学生对预习提不起任何兴趣。其实预习对于整个教学有着重要的作用，有效的预习能够帮助学生提前了解掌握简单的知识，这样再进入到课堂学习的时候会变得相对轻松。而且教师也可以根据学生课前预习的情况及时掌握学生的学习效果，然后适当调整自己的教学方案，这样可以让教学活动变得更具针对性，从而大大提高课堂教学的质量和效果。在"双减"背景下，教师需要进一步探索有效的预习模式，可以借助微课导学案来落实先学后教的教学模式，也就是教师课前为学生提供导学案和微课，鼓励学生自主学习，也可以借助课堂让学生拿出一部分时间进行自主学习，然后再引导学生就学习的知识进行讨论交流，最后教师完成分析。教师需要根据学生存在的共性问题进行讲解，在这样的课堂中教师把握了教学的重难点，可以提高授课的效率，避免了知识重复性的指导。这种先学后教、以学定教的教学模式使得教学活动变得更具有针对性和目标性，在很大程度上节约了时间成本，提高了教学效益，实现了减负增效。比如在讲授《囊萤夜读》时，学

生可以借助导学案理解字词含义,基本掌握故事的内容,但还是有很多学生不能疏通全文,在对句子翻译的时候把握得不到位,那么教师就需要针对这部分进行课堂重点讲解,并且带领学生借助句子中人物动作语言的描写,让学生感受人物的品质,这样的教学更具有重点,可以让学生更高效地掌握本节课的重难点知识,大大提升课堂教学的效率。又比如在学习《青山处处埋忠骨》时,这一节课要求学生能够从课文中画出描写毛主席动作、语言、神态的语句,体会他的内心世界。很多学生这部分内容还是无法自己进行更深入的分析,那么教师就需要在课堂中就这部分内容结合历史的背景引导学生思考分析,从而完成课堂教学的目标[①]。

(二)语文课堂教学开展板块式教学模式

在"双减"背景下,小学语文课堂教学需要改变传统教学模式。以往教学教师采用的是线型教学的结构,围绕着教学主线从头到尾进行知识的讲解。教师可以适当改变这种模式,采取版块式的结构。教师课前安排好具体的教学任务,然后根据教学的内容设计一个个版块。每一个版块设定好核心的任务,同时要符合整体的教学目标。这样使得目标更加明确精准。教师在教学中紧紧围绕教材,同时要考虑到对学生语文综合素养培养的目标,多组织学生开展各种实践性活动,这样可以提升学生的语文综合素养。这种版块式的教学结构打破了教材的局限性,能够进一步实现语文和社会的融合。在教学中教师要采取减法思维,要学会适当放手,让学生自主学习,同时为学生筛选出精华,然后为学生拓展学习的视野。比如在讲授《祖父的园子》一课时,教师可以设计几个版块:第一,让学生通过课文学习生字词,培养学生整体感知文本和识字能力。第二,让学生品读课文,体会作者的情感,培养学生的概括和理解能力。第三,实现读写结合,让学生写出自己的感受,培养语言表达能力。第四,让学生归纳方法,提升学生总结文章的能力。这样的版块设计能够有效地实现学生语文核心素养的发展。

---

①王丽艳.新时期多媒体教学模式在小学语文教学中的应用策略[J].亚太教育,2016(22):26.

（三）采用多种学习方式，有效激发学生学习兴趣

教师在落实语文教学的时候一定要给学生更多愉快的体验，让学生能够对语文这门学科产生浓厚的兴趣，这样学生才更愿意参与到课堂活动中，从而调动学生学习的积极性，真正实现减负增效。在教学中教师要摆脱教材的束缚，为学生选择更多的学习方式，让学生体验到语文课堂的新颖性。教师可以组织学生参与读书或者朗诵比赛，也可以进行体验式对话，进行课本剧表演，等等，真正实现学生"在学中玩"和"在玩中学"，丰富学生的情感世界，构建充满童趣的课堂。比如在学习《草船借箭》的时候，教师就可以引导学生分组课后完成课本剧彩排，在课堂中进行表演，通过这个方式激发学生的学习兴趣，让学生可以在表演中更好地把握课文的内容和人物特点，也可以提高学生的表演能力和语言能力。

（四）善于设计丰富多样的作业形式

以往的语文作业比较的枯燥单一，教师习惯给学生布置默写或者背诵这样的作业任务，学生的压力较大，而且也缺乏完成作业的积极性，所以效果并不是特别理想。在"双减"背景下要求要真正为学生减负，那么教师在设计作业的时候就需要考虑到学生的差异性，能够为学生设计更多实践性的作业，这样可以培养学生的能力，也可以增添作业的趣味性。比如在学习部编版小学语文关于"遨游汉字王国"这部分内容时，教师就可以为学生布置一个课后探究的作业任务，鼓励学生搜集资料，整理关于汉字的各种信息，提升学生信息搜集整理的能力，也可以做好传统文化的渗透。

二、"双减"背景下小学语文课堂教学模式变革

（一）小学语文课堂教学现状

第一，教师在阅读教学时没有考虑学生的主体需求。在教学中，教师应根据不同年级采取相应的教学安排。但在实际教学时，无论哪个年级，均统一以自读、讨论及汇报这一固定模式展开。从表面看，这是以学生为主体的自主探究式学习，但由于没有考虑学生的具体年龄和认知能

力,特别是对低年级学生而言,即使采用分层教学、小组合作教学等模式,教学也难以达到预期的阅读效果。

第二,在解读和分析小学语文课程过程中,部分教师的方式缺乏具体的、有针对性的、细微的建构,使教学难以达到良好的效果。同时,教师无法从整体把握语文课程,因而对教材难以形成宏观的认知,不利于制订符合教学大纲要求的教学计划和教学方案,在一定程度上制约了小学语文课堂教学目标的达成以及学生语文素养的综合提升。

第三,在语文课程设计方面,缺乏系统思考,包括语文阅读教学、学生写作素养的培养、古诗词的教学分析以及对字词的讲解等均缺乏完整性和系统性,导致学生难以深刻把握和理解教学内容。这种教学模式会极大地影响学生的学习体验,难以激发学生的语文学习兴趣,也不利于学生语文学习自信心的形成。

第四,在语文教学中,学生因缺乏系统、丰富的语文知识积累,对语文学习的目的、学习态度、学习方式均缺乏深入的理解,这使得他们在语文学习中只满足于课堂作业的完成,而缺乏基于作业完成的深度思考。所以,学生未能建构起自身对语文知识的严密、完整、深刻、系统的认知体系,且未能有意识地在学习中培养自己的语文综合素养。

基于小学语文课堂教学中存在的问题,语文课堂教学需要进行变革。教师要在课程教学研究中深入把握"双减"政策的真实目的,以及学生能力素养的培养方向,深入解读教材。做好课程设计,以推动小学语文课堂教学模式变革。通过教学模式的变革,致力于优化语文课堂教学品质,不断发展学生语文素养,使统编版语文教学更符合"双减"要求和当前课堂教学模式变革需求。在教学中,教师要关注几个重点内容,即构建高效的素养课堂、设计高质量的素养作业以及制定科学有效的素养评价标准,使学生深度参与课堂教学,并调动自身的语文学习经验、感悟与思维,在课堂中获得知识、提升技能、提升素养。因此,为优化语文课堂教学,教师需要全面落实"双减"要求,落实新的教学理念,创新教学模式,以有效解决目前语文课堂教学中存在的问题,推动语文课堂高效开展并达到预期的教学目标,为学生语文素养提升及实现未来综合发展奠定坚实的基础。

(二)当前小学语文教学存在的问题

1.教学理念相对落后

目前还是有很多教师受到传统教育的影响,所以在教学过程中只关注学生考试成绩的提升,教学过于功利化,把关注的重点放在学生语文成绩上面忽视了学生能力的提升。这样导致教师在教学的时候还是习惯于采用传统教学模式,无法对教学模式进行一定的创新,学生接触不到更为新颖的语文课堂。另外,在教学中,很多教师为了完成教学目标,提升学生的考试成绩,为学生布置了大量默写和背诵的作业,给学生造成了严重的学习压力和负担。这样的方式确实可以在短时间内提升学生的语文成绩,但是不利于学生综合素质的提升和培养。"双减"要求减轻学生的学习压力和学习负担,但是教师落后的教学理念和"双减"政策明显不符,针对这种情况作为教师必须转变自己的教学思路,要能不断地树立和"双减"还有新课改相符的理念,从而有效地对课堂教学模式进行一定的转化,全面提升教学的质量,实现学生语文核心素养进一步的培养。

2.语文课堂教学华而不实

目前信息技术在课堂教学中得到了广泛的应用,所以在小学语文教学中很多教师都开始采用信息技术手段落实教学活动,希望可以有效地提升教学质量。信息技术在课堂教学中的应用在一定程度上提高了教学质量,实现了课堂的生动和形象化,让学生的学习效率变得更加的高效。但是信息技术的应用也需要根据具体的教学情况来定,并不是所有的教学内容都适合落实信息技术,所以教师在开展教学活动的时候并不是所有的课程都要借助信息技术手段教学。目前存在的一个比较严重的问题就是教师在进行教学的时候为了能够激发学生的兴趣,吸引学生的注意力,选择使用信息技术手段落实教学活动,整个课堂内容看上去非常热闹,但是学生并没有真正掌握多少知识。这样的课堂教学无法有效地实现学生语文综合素养的进一步发展,影响了教学质量的提升。

3.语文教学中作业设计不新颖

作业是小学语文教学中非常重要的一个环节,目前教师设计的作业比较单一和枯燥,无法激发学生完成作业的积极性,而且很多教师为了完成教学目标,给学生布置了很多重复的作业,这样并不能发挥出作业的价值,而且降低了学生学习的效率,给学生造成一定的学习压力,无法提高学生学习的质量。

(三)"双减"背景下小学语文课堂教学模式变革策略

教育工作不但要分析目前小学语文教学模式的现状,而且要了解其劣势和不足,还应该提倡以生为本,从而有效实现小学语文课堂教学的高效性。根据"双减"要求,语文教学应以不增加学生作业和课外补习负担为前提,在课程安排上,教师要通过教学丰富学生的知识储备和语文视野,提高学生对知识的深入理解及灵活运用所学知识解决实际问题的能力。同时,教师要根据小学生的年龄、兴趣、认知特点,结合统编版教材的内容选编特点,有针对性地制订教学方案,采用多样化的教学模式,让语文课堂教学模式变得丰富而充满趣味,调动学生参与课堂教学的积极性,重点培养和提升学生的自主分析、思考和探究能力。

在统编版小学语文教材中,编者选录了大量古今中外的名篇佳作,内容丰富,题材多样,且涵盖了古诗、散文、文学名著节选和说明文等不同体裁,为学生语文学习提供了高质量且丰富的素材。在教学中,教师可采用以下方法:

第一,在阅读教学时,教师可要求学生在课堂限定的时间内进行反复阅读。为了保证阅读效果,教师要探究多种方式指导学生展开泛读、精读、诵读以及整篇阅读、分段阅读、分角色朗读等多种方式,使学生在阅读中深入理解作品的语言风格、主题意义、深刻内涵、人物个性特点等,有效提升学生的阅读技巧和阅读素养,快速提高学生的语文学习能力。

第二,应真正落实好学生的课堂学习主体地位,在教学中,教师要有意识地激发学生的主动性,培养其自主学习、自主思考探究以及自主创新的能力,让学生能够积极参与到课堂教学中。同时,教师要借助多媒体设备、设计问题导学等方式,增强师生互动交流的机会。此外,需要探究能够促进师生之间、生生之间和教学文本之间多方面的深入交流,以实现教学、阅读、写作等多项思维与灵感在课堂上的相互启发、共同提高。

第三,要保证课堂教学效率,教师要提前做好教学设计,并严格按照教学计划实施教学,以避免费时、低效、无谓的教学。

教师要善于根据教学进展情况,组织学生展开交流讨论,为每名学生提供提出疑惑、表达见解、分享感悟的机会,以使课堂交流探讨涉及所有教学重点和难点,使学生在交流探讨中完成答疑解惑,推动课堂教学质量与教学效率的明显提升。

(四)关于统编版小学语文课堂教学提升的建议

小学语文教学模式的转变,主要表现在教学理念和方式的变化。教师要想打造高效课堂,就需要充分理解这种模式转变的内涵。要优化语文课堂教学,不断发展和丰富教学模式,教师需要重点研究课堂教学理论、实践过程和经验,并善于反思、提炼和总结,不断完善课堂教学模式,提升教学水平。

第一,教师要有意识地提升对课堂教学节奏的把控,提高自己的讲课技巧,使自身课堂教学水平从专业性、整体性等方面得到提高。在讲解中,教师可重点反思自己对语法、修辞与逻辑等技巧的应用,以提高语言表达和整合能力,提高讲解的有效性。同时,课堂讲解所用的语言要符合学生的兴趣认知特点,要贴近学生的生活实际,通过生动、高度概括性的语言,营造轻松、思维活跃的课堂氛围,提高课堂教学效果。

第二,丰富教学理念和课堂教学模式,以满足课堂教学表达和学生的学习需要。在教学方法上,教师可采用小组合作学习、翻转课堂教学、分层教学、创设教学情境和设计问题导学等多种形式,创造氛围轻松、自由表达、相互交流和充满创造性思维的课堂教学环境,有效激发学生的学习兴趣,使其能够高效、深度地参与到课堂教学中,并在课堂教学中获得能力与素养的快速提升。

第三,发挥信息技术与互联网的优势辅助课堂教学,如可借助多媒体生动呈现教学重点和难点,拓展教学知识点,丰富学生的知识储备,使学生得以接触教材内容之外、与教学相关的大量素材,并在整合、分析和吸收各类素材的过程中,增进对教学内容的感性认知和深刻理解。这不仅能够提高学生的学习主动性,还对提高课堂教学效率和教学质量均有明显的促进作用。可见,在统编版小学语文课堂教学中,教师需要转变传统的理念和模式,从优化教学方案、教学设计、教学呈现等多方面,实现优质高效的以教带学,使学生积极主动地参与到课堂教学中,并跟随教学内容深入思考,提高学习效率,构建高效的语文课堂。

综上所述,在新课程改革背景下,学生知识能力和情感观念的培养与提升已经成为教师教学的主要目的和根本任务。教师需要积极探究在"双减"背景下语文课堂如何进行教学转型,并针对目前教学中存在的现实问题,分析根源,找出解决思路,更好地落实学生的主体地位,充分利用各种教学辅助设施,践行新的教学理念,不断完善课堂教学设计和教学模式,以更好地促进学生语文能力和素养的综合发展,促进小学语文高效课堂的构建。

三、基于"双减"背景的小学语文精准化教学模式

《关于进一步减轻义务教育阶段学生作业负担和校外培训负担的意见》着重强调要"坚持学生为本、回应关切,遵循教育规律,着眼学生身心健康成长,整体提升学校教育教学质量"。提升小学语文教学效率,使学生在校期间汲取与内化语文知识,习得语文阅读、写作、口语交际等技能,培育学生自主学习习惯,激发学生学习语文的浓厚兴趣,是"双减"政策对小学语文教学的基本要求,也是减轻学生过重作业负担、家长负担的必然选择。但就目前小学语文教学而言,其教学精准性明显不足,学生难以获得与其发展水平、兴趣特点、认知能力及素养形成需求相适应的语文教学,导致其语文能力进步缓慢,需要在课下花费大量时间与精力弥补自身不足。为改善此种现状,建议教师以"双减"政策为引领,以精准化教学模式为支撑,借助多元化教学方法构建高效课堂,提高语文课后作业设计质量,进而保证每一名学生都能在原有水平上获得提升。

（一）小学语文精准化教学模式概述

精准化教学模式以斯纳金行为主义理论为基础，是指以学科素养、学科特点、学科教学总体目标、学生发展实际情况等为导向，在遵循教育基本规律、学生成长规律的前提下聚焦课堂教学，精准把握教学目标及教学内容，通过教学结构的科学化、教学流程的精细化、教学管控的标准化高效率达成预定教学目标，实现最优化教学结果，并在最大程度上促进学生有效、深度学习的教学模式。

自精准化教学模式之一教学新概念提出以来，国内外学者及一线教育工作者对其实践应用进行了深入研究。笔者粗浅地认为，就小学语文教学而言，精准化教学模式的核心在于摸清学情、尊重差异，借助现代信息技术全面收集学生表现、行为与学习信息，以此为依据精准测绘学情并在此基础上精准设计教学目标、精选教学内容、精心组织开展教学活动，致力于使整个语文教学过程达到可度量、可调控的精准要求。

在实际的小学语文教学中落实精准化教学模式，第一，需要精准挖掘学生最为真实的学习能力，找准学生最近发展区，量化描述学生现有水平至高层次水平之间的各个小步骤行为，并通过科学、精准的教学手段使学生循序渐进地迁移至更高发展层级。第二，精准聚焦学生语文学习的短板、薄弱环节、不足之处，将教学内容视作高标准达成教学目标的载体，以精准化教学内容激发每一名学生学习语文的兴趣、提升每一名学生的语文综合能力。第三，有效归集课堂评价、课堂检测结果，以科学有效、指向学生个体差异的语文课后组作业进一步发展学生潜能、弥补学生不足。

（二）"双减"背景下小学语文精准化教学模式构建的必要性

传统小学语文教学模式构建以经验主义为核心，教学随意性较大且实效性偏低，统一的教学目标、教学内容与教学指导方法难以适应小学生群体内普遍且客观存在的个体差异性，不能满足学生个性化学习需求与展示自我的内在诉求，致使学生在长时间内不能通过语文学习获得成功感、体验感、满足感，这将降低学生学习语文的主动性与创造性。

"双减"背景下，小学语文教学总体目标发生调整，侧重于提升课堂教学效率、实现语文教学的"一课一结",保证每一名学生都能在课堂及校园内获得本节课标准所要求的知识与技能,从而缓解学生课后巩固及作业压力。"双减"政策的实施,使得传统小学语文教学模式呈现出明显局限性。而应用精准化教学模式,以学情反馈为前提精准把握学生语文基础水平,以此为依据精准选择教学内容及教学手段,对每一名学生进行量化、精确的评价,并布设有效且针对性强的作业,是践行"双减"政策的必然选择,也是克服传统小学语文教学模式所带来的弊端的必由之路。

(三)"双减"背景下小学语文精准化教学模式构建路径

1. 精准化学情分析,准确把握学生的语文基础水平

"双减"背景下,构建小学语文精准化教学模式的前端环节为精准化学情分析。教师需要借助信息技术、统计分析方法对教学软件后台数据进行筛选、整合、处理及挖掘,从中发现学生语文学习的短板、共性问题及薄弱环节,从而为后续的精准施教奠定基础。

以《将相和》课文教学为例,教师提前制作预习任务清单,包含四大部分内容:第一,生字词及词语解析,指导学生查阅字典、阅读课文注释部分清扫字词知识障碍。第二,主要内容把握:①蔺相如用什么方法做到了完璧归赵?②渑池之会中秦王以什么方法为难赵王?蔺相如以什么方式应对?③以自己的语言概括"负荆请罪"故事大意;④你认为廉颇和蔺相如是什么样的人?第三,课文细节品悟:①故事发生在什么时期?秦国和赵国是怎样的国家?②廉颇为何没参加渑池之会?③渑池之会中赵王与秦王发生了什么?④蔺相如为何躲避廉颇?第四,课文写法领悟,如说出课文写作特色,画出语言及动作等描写语句。

上述预习任务清单既是学生自主预习目标导向,又是前测载体,教师根据学生提交的已完成的任务清单,通过关键词识别、关键词分析等方法将学生预习成效量化,发现学生不足之处。如部分学生在完成任务第一个问题④时遇到困难,未能把握住三个故事的联系与详略写作目的;部分学生在完成任务问题③时对细节把握不到位,回答问题难以抓住重点。这些问题便是本节课教学设计的重难点,教师以此为依据可以保证语文教学与学生需求相对接。

2.精准化教学实施,实现小学语文教学的因材施教

"双减"背景下,精准化教学模式可以克服小学语文经验主义教学含糊、无效的弊端,以更加精准有效的方式突破教学难点,从而促成学生深度学习。为此,教师需要精准化选择教学内容、教学手段,实现小学语文教学的因材施教。

以《将相和》课文教学为例,通过精准化前测可以发现五年级学生已经积累了一定的语文知识,在理解课文生字词及词语含义上难度较低,但在把握故事起因、经过、结果,体会课文写作手法,感受廉颇、蔺相如人物形象特点时存在明显的不足。基于此,教师可采取以下精准化教学实施方式突破难点。第一,以"完璧归赵"故事为中心,借助多媒体播放相关影视片段,请学生结合视频内容圈画出课文中体现廉颇形象的语句,如"上前一步""往后退了几步"等动作描写,"理直气壮地说""大大方方"等语言描写,开展表演性朗读活动将学生代入角色之中,站在人物立场体会其内心感受与心理过程,使学生抓住重点句段并通过情感体验体会人物特点。第二,将学生划分为若干小组,请学生以小组为单位按照"完璧归赵"故事分析方法自主分析"渑池之会"与"负荆请罪",合作解决预习问题,并实现学法迁移应用。第三,请学生思考"能不能将三个故事颠倒顺序?为什么?三个故事之间有何因果关系?"学生解答问题时,教师相机补充关于秦、赵两国矛盾的历史资料,以此促进学生深度学习。

3.精准化教学评价,切实提升学生的语文综合能力

"双减"背景下,小学语文教学切实减轻学生课后作业负担的有效措施便是"日清日结"。为此,教师需高度重视课堂上的达标检测,围绕具体教学内容、教学重难点等设计课堂检测习题。例如针对课文生字词知识、课文故事背景、课文的主要人物等开展知识竞赛活动,增强课堂检测的趣味性并使全体学生都参与到课堂检测中。再如指向学生知识迁移应用设置拓展阅读题型,锻炼学生把握文章主要内容、梳理文章脉络及语言逻辑、概括文章大意、结合语义及动作描写体会人物特点的技巧与方法。检测结束后,教师要对学生课堂表现、检测结果等予以激励性评价,使学生发现自己的不足之处,并在教师的建议下进行自主调适与完

善,从而保证每一名学生都能达到语文教学所要求的基本标准。

4.精准化作业设计,有效激发学生语文学习主动性

"双减"政策对小学语文课后作业总量、平均完成时间提出了明确要求。精准化教学模式视域下,小学语文教师要积极设计有效、精准的作业,以此激发学生学习语文的主动性。

以《天净沙·秋思》精准化作业为例,教师结合前测结果、课堂检测及评价结果,向不同层次学生布置层次性作业。基础层:背诵与默写;中间层:《天净沙·秋思》描绘了怎样的景色? 请自选片段进行描述;提高层:自主阅读《秋词》,体会其与《天净沙·秋思》不同的感情色彩,思考并回答:"秋日使人悲凉,还是心情悲凉所见之景便萧索?"

教师向不同层次学生布置上述作业,可以使每一名学生在原有基础水平上获得提升。

"双减"背景下,小学语文教师不仅需要关注作业减负,还应重视教学的增效。精准化教学模式是指通过教学结构的科学化、教学流程的精细化、教学管控的标准化高效率达成预定教学目标、实现最优化教学结果,并在最大程度上促进学生有效、深度学习的教学模式。能够保证小学语文教学满足"双减"政策的基本要求。为此,教师应精准化掌握学情、精准化实施语文教学、精准化进行教学评价,并设计高效精准的课后作业。

四、"双减"背景下小学语文课堂教学中的合作学习模式

(一)"双减"背景下小学语文课堂教学中合作学习模式的作用

1.有利于提高学生的理解能力

在小学语文的传统教学中,一般采用教师主导的教学方式,学生根据教师的讲授进行知识分析。但是,部分学生没有对知识内容进行深入的理解,很难完全把握语文知识要点,从而限制了学生的发展。这种方法很难使学生的语文理解水平得到提升,而且会对学习效果造成一定的不利影响。在"双减"背景下,将合作学习方法引入小学语文教学中,学生能够更积极地进行语文学习,对具体问题有较深刻的理解。在教学中,通过合作学习可以增强学生知识的互动,使学生能够在一定程度上表达

自己的所思所想,从而使语文理解水平得到进一步的提升。

2. 有利于提高学生的合作意识

在小学语文课中,采用合作学习的方法,取得了一定的成效。"双减"背景下的合作学习,主要形式是教师对学生进行分组,通过学生之间的合作探究,使学生能够有效地参与教学活动。同时,通过合作学习可以使学生的语文学习水平得到进一步的提升,满足学生的实际发展需求。学生长时间处于合作学习的氛围能够增强沟通能力,懂得人际交往的技巧,进而发展良好的合作意识,有利于学生适应社会生活。

3. 有利于激发学生的学习兴趣

在传统的小学语文教学中,由于教师是课堂活动的主体,很难充分地调动学生的积极性,并对学生的学习产生较大影响。在"双减"背景下,小学语文教师运用合作学习方法可以很好地改善这个问题,使学生充分发挥主体性,从而使学生成为课堂的"主人翁",有利于培养学生的学习兴趣。

4. 有利于实现学生多边互助

合作学习最显著之处在于每名学生均有机会参加思考、讨论、分析环节,并有权就学习模式提出建议。同时,学生可以相互分享学习经验,形成思维碰撞。这样的合作学习可以使学生有效互动、沟通,打破过去"你问我答"的传统互动方式,使学生能够自主地进行互助,提高对语文知识的认识。

5. 有利于兼顾学生个体差异

在小学语文课上,教师要充分认识到不同学生存在的差异性,并针对学生的具体情况进行指导,这在以往的语文课程中非常难以实现,因为教师没有足够的时间来照顾每一个学生的发展。而采用合作学习法,可以让每一名学生都能够在合作学习环境中找到自己的位置,并在合作中完成学习任务。

(二)合作学习在小学语文教学中存在的问题

1. 学生合作意识不足

大部分小学生在合作学习中缺乏自我控制能力,无法充分融入合作学习活动中去。在实际的语文学习中,只有极少数学生会主动与教师进行交流,而其余的学生却显得若无其事。部分学生在合作学习过程中,谈论与学习毫无关系的话题,或是保持沉默,这就使得学生的合作学习并没有取得应有成效。合作学习旨在使学生在小组中互相协助、增进交流。但是,在合作实践中,经常会发生一些不良行为,有些学生在讨论中态度消极,影响了合作学习的气氛;有些学生不愿意和别人交流,盲目坚持自己的观点,拒绝听取其他组员的建议。有些优秀的学生语文思维能力出色,有很大的优势,学习效率较高,但是他们在合作学习中却常常忽视了其他同学的感受,存在骄傲自满的心态。

2. 小组划分缺乏合理性

正确分组是合作学习顺利进行的重要环节。但是,很多教师在实施合作学习时,仅仅按照学生的座位来进行简单的分组,造成了小组成员存在很大的差距,使得合作学习变成了个别优秀学生的一种行为,这违背了合作学习的本意。而一些教师在进行合作学习时,把整个教学活动都留给了学生,没有充分利用教师的组织力,未对学生的合作学习进行及时评价,从而使合作学习不能达到预期的作用。

3. 学生缺乏合作学习技能

在新时期,学生个体的个性化发展意愿程度很高,但部分教师缺少相应的指导,使得学生对合作学习形式的了解不够透彻。同时,部分教师采取一种相对保守的合作方式,学生缺乏合作能力,很少能够分辨出自主学习与合作学习之间的差异,因此学生的合作能力也就没有得到很好的体现。

(三)"双减"背景下小学语文课堂教学中合作学习模式的应用途径

1. 科学实施学习分组

在"双减"背景下,要实现合作学习模式的应用,必须做好相应的准备工作,以确保课堂教学活动的顺利进行。在实行合作学习模式前,教师要对所有学生进行分组,以提高学生的学习效果。比如,在小学语文合作教学中,每组6名学生,因为一旦有太多的学生,很可能会引起合作学习偏离主题,从而影响课堂纪律,加大教师的管理难度。教师可以适当地调整学生人数,使小组成员充分参与教学活动。同时,在合作学习中,由于学生个性特征对合作成效具有很大的影响,所以教师应该更好地分析学生的个性特点,使学生能够更好地发挥自己的特长,从而提升学生的学习质量。

2.凸显学生主体地位

在合作学习中,学生可以良好地进行沟通,充分激发自己的思维。根据"双减"政策的指导,教师要把"以生为本"的教学理念贯彻到合作学习活动中,充分利用合作学习的作用,提升学生的语文学习能力,从而满足学生的实际发展需求。例如,在《花的学校》的教学中,教师可以引导学生合作进行预习,在小组中利用微课了解即将要学习的内容,并让学生去观察校园里的花坛。在课堂教学中,教师要让学生充当教师,展示课前预习成果。在此过程中,教师应分析学生预习过程中的不足,总结学生遇到的问题,适当调整合作学习模式。同时,在教师的指导下,学生可以在小组内将所学的知识点进行整合,建立良好的知识框架,以提高学生的学习效率。

3.明确合作学习任务

在进行合作学习的过程中,要使每一名学生都充分理解课程的主要内容,以便在后续的学习中形成更好的合作学习氛围。在课堂上,教师要按照课程内容设计合作学习任务,并营造良好的合作学习氛围,从而减轻学生的学习难度。例如,在讲解《大禹治水》一课时,教师可以先让学生在课堂上朗读课文,然后在小组内合作完成学习任务:第一,分析课文故事主线和情节发展,概括各段落内容。第二,对大禹高尚的品格进行讨论。第三,思考大禹为何三过家门而不入?第四,课文主要表达了怎样的思想感情?合作学习任务发布完成后,教师要让学生在小组进行讨论、互动,对课文内容进行深入的分析,这样就能让学生在课堂上产生良性互动,促进学习效果的提升。

4.营造合作学习氛围

在"双减"背景下,要改善小学语文教学的有效性,教师必须对学生的认知能力、语文基础、思维水平等进行分析,科学实施合作学习活动。同时,要为学生创造多样化的学习氛围,让学生主动参加知识探究,从而达到减负增效的效果。为培养学生的语文综合能力,应使学生在一个轻松愉快的气氛中培养合作学习的兴趣,从而使学生获得更多的学习技巧。

例如,在《观潮》教学实践中,教师可以通过多媒体向学生展示钱塘江的潮起潮落,让学生结合课文内容合作分析作者的描写方法,体会作品蕴含的对祖国壮丽山河的热爱之情。营造良好的学习环境,能够保障合作学习活动的顺利开展,极大地激发了学生的探究欲望,进而对课文形成更直观、更深入的理解。

5. 加强合作学习引导

将合作学习应用于小学语文课堂,应该注意到学生的综合能力和发展需求,从而为学生提供更好的合作学习指导。在实施合作学习的过程中,要保证学生能够进行积极思考,使学生的主体性得到充分的体现,并通过恰当的引导来达到教育的目的。另外,在小学阶段,学生的自控性较差,在课堂上容易出现一些问题。因此,在课堂上,教师要引导学生寻找正确的合作学习方法,以保证课堂教学的正常进行。

例如,在《赠刘景文》的教学实践中,教师可以让学生先自行朗读古诗,然后合作分析诗意,尝试进行翻译。共同探讨诗词的深刻内涵。在此过程中,部分学生对"傲霜枝"难以理解,教师可以指导学生合作收集有关诗歌的背景材料,了解作者的创作意图。在课堂教学中,教师可以运用启发式的教学手段,使学生在课堂上进行合作探讨,降低对教师的依赖性,从而更好地理解古诗的主旨和蕴含的情感,从而达到更好的教学效果。

6. 设计合作实践内容

"双减"背景下的小学语文教学活动,教师可以通过设计实践活动来提高学生的合作能力,充分利用学生的特长,使学生能够更好地完成实践任务,了解到合作的意义,从而实现学生的全面发展。由于受家庭和成长环境等因素的影响,小学生在与同学沟通时往往表现为以自我为中心。为了改善这种现状,教师可以通过实践活动来促进学生之间的交流,从而增强学生的人际交往意识和能力。例如,在讲解《记金华的双龙洞》这一课时,教师可以指导学生按照自己的思路设计游览线路,并组织"我是小导游"实践活动,让学生合作设计线路图,结合课文确定关键景点。然后,每个小组推选一名小导游,为全班展示所设计的游览路线。这样既可以使学生更好地了解课文的内容,又可以调动学生的积极性,以达到预期的教学效果。

7.优化合作评价机制

评价是整个教学过程中必不可少的一部分,正确的评价可以促进学生的自我反思,让学生意识到自身的长处与短处,可以提高学生的自信心,从而为今后的合作学习奠定良好的基础。通过合作学习评价机制的不断完善,可以对学生学习行为进行合理的评价,使教学活动达到预期目的。在小学语文课堂上,要想让学生更好地进行合作学习,教师要注重课堂教学的组织方式,指导学生进行自评、小组成员互评、小组互评等,最后由教师实施总体性评价,不仅可以明显地改善教学评价的效果,还可以促进学生的不断发展,充分发挥学科育人作用。

综上所述,在"双减"政策下,由于教育环境的改变,小学语文教师应深入分析政策内容,积极探索更多的教育策略,以顺应时代潮流,不断创新教学活动,提高课程教育质量,为了达到减负增效的教学目标,教师可以根据课程的具体要求。组织学生进行合作学习,提高学生的学习积极性。通过教师的指导,学生能够熟练地掌握合作学习技能,培养出较强的合作探究能力。在课堂上,教师要突显学生的主体性,为学生创造良好的课堂环境,提高学生的语文综合能力,以达到促进学生全面发展的目的,真正落实"双减"政策要求。

第二节 "双减"背景下小学语文教学的优化转型

凯洛夫主义理论中的"智育第一""教学为主""教师中心"的基本问

题,是我国教育界一直以来长期争论的问题。这种教学法在初期具有不可比拟的优越性,在有限的课堂教学中,教师能够尽可能地完成知识的传授,课堂效率也得到进一步的提升。因此,长期以来教育界奉行的教学理念,一直都是"教师中心论"。

但随着凯洛夫主义理论在我国长期推行,越来越多的教师深受"唯分数论"的教育评价影响,对学生身心造成了严重影响,是一种得不偿失的方式。传统的教学方式,奋笔疾书的学情状态都成了传统课堂的剪影。师生共同构建课堂,缺乏任何一方都是不成立的,而"教师中心说",便是没有观众的独角戏,传统的教学模式,是值得反思与改进的①。

20世纪90年代,随着新课程改革的实施,我国掀起了新的教育改革浪潮,"改变课程过于注重知识传授的倾向,强调形成积极主动的学习态度""倡导学生主动参与、乐于探索、勤于动手的具体目标""加强课程内容与学生生活以及现代社会科学发展的联系,关注学生的学习兴趣和经验",这些具体目的都重申了"以学生为中心"的理念。于是许多教师在"学生主动参与""关注学生兴趣""改变课程过于注重知识传授的倾向"上进行了大刀阔斧的改革,创造出了合作探究、小组讨论、辩论会、小组比赛等一系列教学手段。在体现学生的主体地位、激发学生的兴趣方面,起到了举足轻重的作用,一定程度上也成了优质课的风向标。互动、游戏、讨论成了评判课型是否创新、能否激发兴趣的重要指数。但同时,也存在形式大于内容,教师在课堂中的主导作用逐渐弱化的问题。一节课看似很热闹,实则效率低下,教师缺乏与之配套的有效评价手段,在广泛提问的同时,毫无引导、联结可言,教师千篇一律的肯定,只是为了让学生畅所欲言,结果导致课堂教学无法管理、随意性大等一系列相应的弊端出现。

传统的"教师中心说"强调教师的主体地位,教师过度指导甚至越位指挥,以自己的认知来代替学生的体验,存在诸多弊端。但是一味强调学生的主体地位,摒弃教师的主导作用,让学生在完全宽松的环境下自我成长,也是不现实的。在教师的讲授中,尽管学生处于接受教学的状

①魏皓洁.小学语文混合式学习教学设计转型策略[J].教学与管理,2022(2):46-48.

态,但是教学认识的这种间接性,使得教学中学生的认识具有科学家原始认识所没有的优越性,具有再生产科学特点的高效率。因此,没有学生主体的课堂失去了生机,没有教师主导的课堂失去了目的,这都是畸形的课堂模式。

"双减"政策的落地,再次重申了"优化教学方式,强化教学管理,提升学生在校学习效率"。其中教学方式的优化、教学管理的强化,再一次将教学转型摆在了重要的位置,而留白教学则为语文课堂转型提供了有效的解决方案。

一、"留白"的含义及在统编教材中的广泛性

(一)"留白"的含义

"留白"雅称"余玉",原是国画创作中一种计白当墨的构图方法,即不把整幅画全用景物填满,留下一些空白。留白之处,或以诗词、印章等补白,或不着滴墨以营造某种悠远的意境。如此一来,画面才显得疏密得当、景深有致。

留白教学一定要遵循三个原则:第一,要借助于空白;第二,空白一定要服务于教学;第三,空白教学是创造性的实践活动。因此把留白教学界定为灵活地运用空白、遵循教学规律以及美的规律进行创造性教学实践活动。

(二)统编教材中留白的广泛性

1.编写理念的留白

以统编三年级上册第四单元为例,本单元的教学目标是:猜测与推想使阅读充满乐趣。语文要素是:"一边读一边预测,顺着故事情节去猜想;学习预测的一些基本方法。"教学重点是:根据题目、插图和故事中的一些线索,结合生活中的常识去预测,进而能够读懂预测的结果,有的跟自己的想象一样,有的则大相径庭。因此从编写理念上就验证了与传统课文教学的不同,要倡导开放式的读,边读边思考。如果按照传统预习方式,让学生提前通读全文,了解文章的大体内容,则明显失去了预测单元的神秘性,无法完成猜想与推测的乐趣。编写理念的留白,让我们关

注这类文章教学,不是拘泥于结局、主旨、手法的精确化分析,而是学生个体阅读体验感的培养,其创作的体验感也各有不同。

2. 创作意图、写作背景的留白

以《红烛》为例,在传统的诗歌讲授中,分析时代背景,了解创作意图,往往成了不可回避的关键步骤。知人论事也就成了教学环节中的第一步。关于《红烛》的写作意图,许多教师都会联系闻一多后续的生平事迹,从而定夺感情基调、主旨内涵。殊不知这首诗是作者回顾数年来的理想探索历程和诗作成就时写下的,目的是表现自己的赤诚和热情。一旦在创作意图、写作背景上给学生以先入为主的引导,学生就会丧失对主体文本的新鲜感和对文本的独立思考。从"蜡炬成灰泪始干"的朦胧派诗句导入,到中间重点讲述思想历程的矛盾,即想要拥有光芒就要燃烧自己,最后得出"莫问收获,但问耕耘"的结论。作者的情感、意图藏匿在字里行间,表现了青年人的奋发自强、青春无悔。统编教材课本中选取了一系列新月派、朦胧派的诗作,同时也选取了诸如《荷塘月色》等一系列生活片段式的散文,如果我们都刻意在创作意图上寻个究竟,就丧失了对文本的深入研读。

3. 选文体裁的留白

朱自清的《春》,几代教学者常常把它说成记叙文,其实它是散文诗,如果当作记叙文,则会重点讨论描写了哪些画面,字斟句酌地把修辞手法当作首要任务进行探究。而本单元的教学目标是:①要重视朗读课文,想象文中描绘的情景,领略景物之美;②把握好重音和停顿,感受汉语声韵之美;③揣摩和品味语言,体会比喻和拟人等修辞手法的表达效果。由此可知,"有感情地读,形成画面美"是学习这篇散文诗的首要教学目标。重点是想象力和诗化语言的感悟,而绝不仅仅是具象的说文解字。选文的体裁和教学目标决定了我们在教学上留白的重要性,我们不能代替学生去想象,也不能仅仅通过讲评修辞等手法,就让学生领悟诗意美。

综上所述,统编教材在编写的理念、选文的创作意图、选文的体裁方面均存在着大量的空白,这也为留白教学提供了可行性。

二、留白教学在语文课堂中的实施策略

(一)巧借支架,预习环节中的有效留白

传统语文教学中的预习环节往往落在"学生自主通读全文、生字词重复性抄写"两个方面,这对后续课文的讲解作用微乎其微,如果碰上笔者之前所说的预测单元,这样的预习作业甚至毫无科学价值可言,从而影响学生探究的积极性。学生预习应当是学生预先自读教材内容,筛选出文章重要信息,根据自己头脑中原有旧知识进行判断、推理、分析、综合、评价,最终整合成新知识的一个思考过程。

以郭初阳老师教学《项链》为例,授课前,他率先布置预习任务,让每个学生读完课文后,根据自己的感悟写一则简评,以"根据我个人的阅读和理解,这是一部关于_____的小说"为题。看似短小的一则点评,其实蕴含着深入的思考,学生带着任务去整合文本信息,以保有新鲜感的方式联结了预习要求中的判断、分析、综合、评价等一系列思维方式,杜绝了无效的通读预习法。而在课堂上教师通过借项链、丢项链、赔项链、假项链四个部分的依次展示,在情节的逐层推进中讨论环境对玛蒂尔德形象的影响,以及玛蒂尔德人物形象的变化。在课程的展开中,有些同学之前的想法随之改变,而更多的同学会与教师探讨主题,用文章的原句捍卫自己的观点,直到结尾郭老师也没有给学生下一个标准答案式的定义,为学生想象留下了空白。正如温儒敏教授所说:"中学语文教文学作品,很注重引导学生了解作者的'原意'和作品的思想意义,而不注意激发学生的审美想象。"郭初阳老师的课完成了小说的人物、情节、环境三要素的具体分析,同时让学生深度参与探究文章的主题,通过巧妙地设置预习作业,让学生成了作者本人,充分抓住了文本解读的留白性,破除了教师思维定式,这样将模糊教学和精准教学紧密结合、相互补充。

(二)格式塔效应,教学过程的留白

传统的语文课堂教学,教师把"语言鉴赏""内容概括"奉为圭臬,但并不是所有的文本都是只求内容、不求形式,文中的逻辑、智慧、情境、内涵同样是不可或缺的关键教学目标,而精巧的设问则成了教师提升教学

效果、把握课堂语文味的重要手段。

朱自强教授教学《等信》时，依次提出了四个问题：①在这个故事中，谁在等信？②这个故事里没有出现"慢"，可是你有没有发现这个故事写到了"慢"？③这个故事里也没有出现"着急"，你有没有发现也写了"着急"？④想一想，如果把蜗牛换成兔子，让兔子去送信，会是什么样的情形？这样写好吗？

当抛出第一个问题的时候，小学低年级学生会凭借直观感受轻易地回答出"蟾蜍"，不过随后便会有学生根据文章内容推测出青蛙在等信。进而了解青蛙等信的原因和经过，得到文章的主题是关于友情。第一个问题，不仅是对题目的启迪，同时也训练了低年级学生回归文本，不断否定并质疑的能力，最终让学生自主寻找文章的主题。看似一个题目的提问，其中却蕴含着情节、主题等情境的导入。在第二、三个问题中，由于学生对文章有了初步的了解，他们会带着问题再次回归文本的相关区间寻求答案，从而看到蜗牛的"慢"、青蛙的"着急"。两个看似一致的问题，运用了联结手法，让学生体会到了文章人物形象的对比。最后通过第四个问题，再次让学生把目光聚焦在题目上，形式、情节、主题、人物，四个问题都做到了首尾呼应，形成了一个回环往复的过程。学生始终带着饥渴学习重难点知识，而不再是传统三大问：课文讲了什么？主人公是谁？告诉我们一个什么道理？闭合式的问答让学生感到索然无味，而精心设计的问题，使授课实效性得到了显著提升。课堂教学中的留白，使教育者充分挖掘文本，深度体会学生学情，精巧的设计让学生参与其中。这种课堂教学的留白符合"格式塔"心理学观点，人的直觉意识会自然有一种使其完美的倾向，有残损的事物和图形认知会刺激人们形成一种内驱力，而这种内驱力会使人们积极努力去"完整"残损的事物和图形，人们在"完整"的过程中得到满足和愉悦。这样的留白造成的完形压强，让师生互动得到了共赢。

（三）形成完整的教学闭环，课后作业的留白

传统语文阅读教学中作业环节存在着"作业目标不明确，作业数量较多，作业难度较大，作业形式单一，作业内容机械"等桎梏，题海战术的大

量使用不仅与新课改理念相违背,同时也与"双减"政策中"全面压减作业总量和时长,小学一、二年级不布置家庭书面作业,三至六年级书面作业平均完成时间不超过60分钟,初中书面作业平均完成时间不超过90分钟"的要求背道而驰。因此在作业的布置上同样要运用留白理念,科学合理的作业布置才能让整个阅读教学切合课程标准和教学目标。

以《纳米技术就在我们身边》为例,单元目标是培养学生的科学兴趣,激发想象力、创造力。语文要素是阅读时能够提出不懂的问题,并试着解决。展开奇思妙想,写一写自己想发明的东西。由于本课处于单元顺序第三课,学生在前面两节课的学习中,已经对不懂的问题、尝试解决的问题有了充分的练习,并且对说明方法、说明语言也有了一定的认识,如果按照传统阅读教学作业设计,教师一定会在"说明方法和说明语言"上大做文章,并通过至少两篇相同类型的说明文进行强化训练,以达到阅读技巧的提升。然而这与课本和教参的初衷大相径庭。课后作业的布置做到"双抓",即单元目标和语文要素,结合课后的"思考探究""积累拓展""资料拓展""选做题"等环节,深耕课本,将"听、说、读、写"结合。我们可以将传统的题海战术变为结合教材课后选做题,"如果让你利用纳米技术,你会把它运用到生活中的哪些方面",这是一次说话练习,"说"是其基本的形式,教师引导学生以"纳米技术的哪一项功能可以运用在哪些地方? 能够带来什么好处"? 训练学生完整、有逻辑的表达能力,运用同桌讨论、小组讨论、家长聊天等模式,充分调动学生的思维能力和想象力,同时鼓励学有余力的同学把这次说话练习转化为习作片段练习,分层作业的设计更加深入系统地训练了学生的思维能力、想象能力、习作能力。留白理念充分运用在作业的设置上,以课本为导向,脱离了对练习题的依赖,杜绝了唯标准答案论的理念,让学生能够以课堂所学的纳米技术为内涵,进而让学生充分发挥创造力,达到生活上外延的拓展。同时又为后续本单元作文版块"我的奇思妙想"提供了丰富而有力的素材,也缓解了学生习作环节中巧妇难为无米之炊的窘境。教师精巧的作业布置,学生带着情绪才能有足够的热情来达成目标,且比其他信息优先得到加工,使留下的情绪记忆难以磨灭。留白理念下的作业布置既是一节课完美的总结,同时也能成为下一教学环节的优质预习,从而形成教学的完整闭环。

留白在充分体现以学生为中心的同时,再次强化教师的主导作用,教师带着新鲜感去初读教材,带着问题去研读教参,带着探究精神去设计问题,带着同理心去管理课堂,这才是留白的关键。正如陶行知先生所说:"创造千千万,起点在一问,智者问的巧,愚者问的笨。"在"双减"政策的指导下,打造有质量的课堂,优化教学方法,留白教学为教育工作者提供了有效路径。德国教育家第斯多惠说:"一个坏老师奉送真理,一个好老师则教人发现真理。"这就需要教育工作者在教学转型的道路上不断拓展出新思路。

第三节 "双减"背景下优化小学语文教学效率的方法

"双减"就是指在义务教育阶段减轻学生的功课和校外培训负担。在这个背景下要实现各个学科的提质增效,作为小学语文教师一定要创新目前的课堂教学模式,引导学生可以在语文课堂中获得能力的提升,让学生在轻松的氛围下掌握语文知识。

一、"双减"背景下有效教学探索的基本原则

第一,要以服务学生为根本。"双减"背景下有效教学探索的最根本目的是落实核心素养培养目标,为了进一步服务每个学生的更好发展和提升。因此,小学语文教师要在具体的教学探索和研究过程中树立服务学生成长的原则和理念,积极地将促进学生不断发展和提升作为有效教学探索的出发点和落脚点,积极地围绕着学生来进行教法和学法的研究,真正让教学探索符合学生发展需要、符合学生认知规律,也只有这样才不违背我们的教学初衷,才能更好地促进每个学生的全面发展和提升。

第二,要以优化教学为目的。"双减"背景下有效教学探索的直接目

的是更好地适应"双减"政策下语文课堂教学的基本需要,较好地改进和优化语文课堂教学的各个环节,进而把握有效教学的基本规律。语文教师要积极地在教学中以优化教学为最直接的目的,不断开展有效教学探索,并结合教学中存在的瓶颈环节,进一步实现改进和优化课堂教学,继而更好地服务语文课堂教学,不断助力课程教学目标的高质量达成①。

第三,要以互动交流为手段。"双减"背景下有效教学探索不应当是教师的"单打独斗",而应当积极地强化和其他优秀教师同行的互动交流,并在互动交流中积极地强化学习,总结不同教师在"双减"背景下的教学实施对策和方法,并在教学实践中进行经验总结和归纳,积极强化问题驱动和协同解决,进一步发挥1+1>2的效果,继而更好地强化语文课程教学实施,不断破解"双减"背景下语文课堂教学瓶颈,助力核心素养培养目标的高质量达成。

二、小学语文课堂教学现状分析

(一)教育观念陈旧

小学语文教师在教学课堂上缺乏明确清晰的教学目标,仅仅停留在提高学生考试成绩的层面上,对知识的讲解较为模式化、反复化,在硬性灌输内容后学生虽然会对所学知识产生较深刻的印象,但是在一定程度上也限制了他们的发展,小学生对知识探索的欲望会逐渐降低,教师很难在课上调动氛围。教育观念的陈旧、落后导致知识教学效果未能达到理想化标准,师生之间缺乏互动,学生也缺少活动参与动力,难以构建出高质量的语文课堂。

(二)教学方法不当

在实际教学中,小学语文教师习惯性地按照自己的经验来组织各项活动,教学形式较为单一、枯燥,久而久之语文教学走向程序化,未能充分满足素质教育的要求。与此同时,在这样的课堂中,师生间关系无法达到和谐状态,教师始终占据着课堂主导的身份,学生只能在课堂内被动接受,从而对所学知识的理解较为表面化,他们的综合素养也始终难

---

①廖灿辉.提高小学语文教学效率的策略[J].西部素质教育,2018,4(4):239.

以得到提升,故而整体教学效率未能达到规定的标准,学生在毫无目的地阅读、背诵的过程中忽视了语文学科的魅力,不利于他们未来的学习与发展。

(三)机械传统教学

多年来传统教育思想都在深深地影响着小学语文教师,教师注重考查学生的学习成果,将帮助他们在正式考试中取得优异成绩视为核心目标。因此无论是课内教学还是课外活动都侧重于帮助学生完成对基础知识的背诵以及对重难点习题的反复练习,语义教学课堂不仅枯燥无味,学生也难以发挥出自身的潜能,无法形成先进的思维意识,文学素养、表达能力、思维品质都难以提升,阻碍了学生的全面发展。

三、"双减"政策对于小学语文课堂教学的意义

(一)强化整体教育效果

在传统教育形势下,小学生课业压力大、负担重,严重时还会降低睡眠质量,他们每天的生活都枯燥乏味,学习节奏也较为紧张,在此期间部分学生会对学习产生厌恶、抵触心理。他们在疲惫不堪的状态下不能了解所学语文知识的本质,而"双减"政策的落实能成功地为他们"松绑",将主宰时间、生命的权利真正交还到学生自己手中,在减轻学习负担的前提下他们也能拥有自己的兴趣爱好,重视自身的价值与情感诉求。学生眼中不再只有成绩,他们会将知识学习视为生活的一部分,并在玩中学、在做中学,从而走上正确的成长道路,提高整体学习能力,实现身与心的健康成长。

(二)促进学生全面发展

"双减"政策的提出为小学生提供了更自由广阔的学习空间,他们可以在做自己习惯做的事情的过程中不断累积知识,实现思维品质、文化素养的发展。小学生需要有自主学习的权利,他们可以根据明确的自我认知进行学习规划,从而在学习的过程中深化自身的独立意志,逐渐产生独立人格,不是一味地模仿、背诵,而是能从所学中有所感悟,尤其是

在语文课堂内,教师让教学变成"爱的教育""生命教育",发挥出时间本身的意义,使学生能勇于面对挑战,也能积极探索知识的深层内涵,最终获得自身的全面发展。

四、"双减"政策下如何提高小学语文课堂教学的有效性

(一)制定发展目标,设计针对性教学计划

在整体的教学过程中,无论是教师教什么,还是学生学什么,都需要一个明确的目标,按照这个目标有序地落实各项探索任务。而教师在确定教学目标时,第一,需要了解学生目前的学习状况;第二,需要将课程内容的布置进行有效规划,其间考虑到课内教学时间有限这一问题,故而在制定目标过程中需要坚定实际化、科学化、内容量化的基本原则;第三,有目的性地组织活动,强化整体教学效果,最大程度上提高整体教学效率。

而在"双减"的教育背景下,第一,教师更应该注重对教学内容的量化,学生始终围绕目标进行学习和探索,才能在有限的时间内完成知识学习任务,最大化减轻学生的课后学习压力。而在小学语文教学目标的设计中教师需要了解下述情况:①待教授知识点;②培养学生何种能力;③需要展开哪些种教育。只有在了解这三点情况的前提下才能将目标贯穿于语文教学的全过程中,保证每一个教学环节之间有效衔接,同时也让学生在不断自主实践中得到综合能力的提升。第二,需要根据已定的目标来逐层设计教学环节,为了进一步深化改革,不仅要看重结果,更应该关心过程,全面且多层次地看待学生,根据课程内容组织针对性活动,如小组讨论故事表演、多维辩论等,让每个学生都能在自己的原有基础上得到进一步发展,教师再做好问题预设,及时通过提示、点拨的方法提高课堂服务效率,达成理想化教学目标。

(二)任务驱动预习,注重激发学生兴趣

小学阶段语文预习的形式往往是单一的,教师注重引导学生探索字词的读音和含义以及朗读课文,这样的方式很难从根本上调动学生的学习兴趣,他们无法在课前预习、课内学习中展现出积极性、主动性,因此

在"双减"教育改革的形势下教师为保证教学质量一定要注重对预习形式的多元化创新,一方面能在不为学生增添学习压力的前提下达成预习目标,另一方面也能改变学生的学习态度,让他们积极、主动地参与到后续活动中,进而开展高效教学。

教师需要采取任务驱动法在无意识间为学生提供预习方向。在此过程中应注意下述问题:①尊重学生之间的个体差异。每一名学生思维方式不同、认知能力存在差异,教师可以分层设计预习任务,通过由浅入深设置问题的方式来鼓励学生自主探索。学生会在对自身产生明确认知的基础上更好地完成预习任务,不断获得自我提升。②需要借助现代化信息技术手段,实现"趣学"目标。借助微课视频将重难点知识以动画、歌曲等形式呈现在学生的面前,引发他们的自主学习兴趣,进而在愉快观看中学习知识。③结合生活实际布置任务,将课程内容与生活建立联系。如观察大自然、帮助父母做家务、扮演家庭小记者等,这样一来学生能在感受生活的过程中了解更多相关知识,开阔视野,提升文化素养,掌握人际交往技巧等,在预习中有所收获。

(三)设置课堂导入,锻炼学生自主意识

高效率的课程导入是教学成功的关键,灵活、巧妙地完成知识导入设计,一方面能在第一时间内帮助学生集中注意力,另一方面还能对知识内涵产生更加深层次的探索,以便学生学习效率与质量的提升,构建出真正意义上的高效课堂。基于此,教师在"双减"形势下更应该对课程导入给予高度重视,在预先设计阶段完成以下任务:①分析学生目前的学习状态,了解他们对知识的理解与接受程度,从而明确导入教学力度,保证学生能快速进入学习状态,从而实现理想化教学目标。②了解学生的个性特征及兴趣爱好,以此来确定导入的内容,根据各项信息去查询相关资料,保证课程导入内容能更好地吸引学生的眼球,让他们可以在兴趣、求知欲的驱动下自主学习,深化他们的自主意识,充分发挥导入作用,对知识探索更加投入。③实现师生、生生之间的有效互动,导入环节教师可以展示故事、创设情境,还能探讨生活、组织比赛。无论哪一种导入形式,为充分激发学生的求知欲,帮助他们集中注意力,都必须明确互动的重要性,在语言交流肢体交流中帮助他们放松身心,进而引导学生主动深入探索知识,为他们的学习质量提供保障,同时还能从根本上减轻学习负担,满足"双减"政策的要求。

(四)游戏串联知识,寓教于乐高效授课

目前阶段我国教育领域正在发生着巨大的变化,教师在教学过程中应该顺应学生的天性与发展规律,让他们能在保持快乐心态的前提下高效学习,从而真正深化对所学知识的认知与记忆,实现综合素质的发展。而游戏化教学的目的正是激发学生的积极性,转变他们在课堂内的身份,不仅仅是聆听者和被动接受者,更是探究者和创造者,自主地探寻知识的奥秘,结合自己所思所想创造知识,游戏化教学模式的应用能增强学生的学习体验,他们可以在教师的引导下增强思维能力、深化认知情感,从而在潜移默化中提高语文素养,为未来发展打下良好基础。

小学时期由于学生心智还未完全成熟,教师在教学过程中能选择的游戏种类呈现出多样化的状态,将知识渗透与游戏探索相整合,使每一个游戏设计都与核心教学目标相对应,强调学生积极主动地投入其中,游戏的设计不能流于形式,需要真正做到寓教于乐。如编演课本剧、擂台赛、拔河比赛、捉迷藏、合唱比赛、"小老师"模拟赛等,借助多元化游戏帮助学生集中注意力,将学生的聪明才智发挥到最大限度,让课堂充满生机与活力,在此基础上实现高效教学目标。游戏与知识的串联符合"双减"政策的要求,确保了学生在课堂内的主体地位,借助丰富的游戏资源降低了教学难度,从根本上深化学生对所学内容的认知,真正做到将教学目标落实到每一名学生身上,在轻快的游戏过程中帮助学生提升自我,在无形中鞭策他们形成学习意识,让他们可以正视自己的学习行为,最终强化整体学习效果。

(五)实施合作教学,讨论互助见解分享

"双减"政策下的课程改革进一步提倡小组合作的学习方式,既能凸显出学生在课堂上的主体地位,还能活跃整体课堂气氛,学生能产生沉浸式体验,在交流中也能深化对知识的印象,但是与此同时部分小组合

作中却产生了"学而无效""滥而不精"的问题,教师必须及时进行反思,并探索出真正意义上合作学习的方法。第一,课程准备阶段教师需要对教学进行深入研究,从而能自然地将简单易懂、烦琐杂乱的不必要合作删除。第二,对学生进行科学分组,每次活动开始前都坚持同组异质原则完成分组,保证小组成员之间可以互相帮助、优势互补,同时还能在每一个小组能力均衡的前提下激发学生的集体荣誉感,学生会逐渐明确个体行为对集体造成的影响,从而会在尊重他人意见的前提下积极表达自己的观点。第三,在互动、互助、互勉、互进的过程中实现共同成长。最终教师也要融入每一个学习小组中,积极参与到学生的实践与讨论中,并通过平等交流的方式为他们提供思路,进而促进学生思维灵活度的提升,也能在有限的时间内发挥出学生的无限潜能,让他们可以真正在合作中学有所获。

（六）信息技术指导,加快学生理解速度

语文教学中教师应该时刻注意抓住实质的东西,将课内的重难点知识串联。一方面让学生的思路逐渐贯通,借助知识间的关联来解读其中隐藏的内涵;另一方面还能为他们提供一个相对广阔的思考、创新空间,真正做到立足于学生展开教学,必然会提高语文课堂教学的有效性。在落实课程改革计划的过程中,教师应该充分利用现代化信息技术手段进一步优化课堂,结合教材内容创设多元化情境,让学生在产生身临其境之感的前提下对知识内涵产生深度解读,结合自身的学习、生活经验发表看法,教师在借助信息技术构建课堂的过程中发挥出了教学艺术的魅力,教师对于课程内容中情、趣、理的挖掘也会更加深入,最终在课堂实践、反思探索中完成任务,达成理想教育目标。而在此过程中教师需要做到与时俱进,不仅要利用图片、视频、音乐等元素构建课堂,还要利用先进的 VR 等技术对语文知识进行动态加工处理,创造出更加直观形象的场景,增强学生视听体验,最终提高他们对所学知识的理解速度。

（七）安排课外活动,锻炼学生综合能力

知识的教学不应该局限于课堂内,教师在"双减"政策下既要减轻学生的课后作业压力,让他们可以回归到自己的生活,同样也应该做到将语文教学常态化,利用好每一个现实因素,在自然状态下深化学生的语文意识,增强他们的文化素养。因此教师不仅要优化课堂教学模式,还应该积极组织课外活动,在帮助学生增长知识的前提下提高他们的综合素质、实践发展能力,为他们未来学习、成长奠定良好基础。在此期间教师需要以平等的身份在课外与学生交流互动,组织他们参与成语接龙比赛、演讲比赛、表演竞赛、歌唱比赛等。一方面挖掘学生的潜藏能力,让他们可以在课外的自由时间毫无顾忌地展示自我;另一方面还能在学校和家庭生活中营造浓厚学习氛围,增强学生的问题意识、自主探索意识,让他们将学习视为一种乐趣而非负担,既减轻压力又能实现学习能力的提升。

综上所述,在"双减"政策的指导下,如何增强课内教学效率、减轻学生课外学习负担成为小学语文教师的核心研究课题,以此来推动教育改革的发展。教师需要转换自身的传统思想,明确学生实际的学习、发展需求,借鉴他人的成功教学经验,打造出优质的语文课堂,在此期间通过课堂导入、游戏互动、合作探索、多媒体指导来丰富教学形式,切实强化教学效果,让学生在舒适、轻松的环境中有效学习,实现快乐成长。

五、"双减"背景下小学语文教学优化策略

(一)精准研究课程标准,合理设计教学目标

"双减"背景下要求每一名小学语文教师都应当强化对课程标准的研究和解读,并积极地把握新课程标准对每节课具体教学内容的指引,全面结合教学现状来设置科学与合理化的教学目标,以指引课堂的教学方向和学生的学习方向。还需要小学语文教师进一步深化认识,并积极地在教学中精准研究课程标准,合理设置教学目标,为精准化的教学实施奠定坚实的基础。例如,在教授《观潮》模块内容时,教师要认真对该节课的课程标准要求进行研究和解读,并积极地分析该节课的教学知识点组成、不同知识点之间的关联、教学的侧重点和重难点,还要积极地进行知识体系的构建,并结合这些情况设计具有较强概括性、启发性、针对性和指引性的教学目标。如了解该节课包括的生字词,掌握文章的主要写

作顺序,理解文章中表达的作者情感,等等,指引后续教学方向。

(二)积极丰富教法运用,给予更好的学习体验

不同教学方法的运用会产生不同的教学效果,而从目前的教法应用情况来看,还存在着很多突出的问题,需要小学语文教师积极结合"双减"背景下语文课堂教法应用的基本现状,全面地通过丰富教法应用来不断地优化和改进语文课堂教学的各个环节。教师可以借助希沃白板等交互工具积极地对班级学生开展灵活和随机性课堂提问,让学生参与进来,而不是在一旁当看客,进而不断优化和改进语文课堂教学的组织形式,进一步给予学生良好的语文学习体验,促进教学效益和质量的大幅度跃升。

(三)全面实现分层教学,更好地兼顾学生差异

"双减"背景下全面兼顾学生差异,有效发展学生个性,同样是每一名小学语文教师的基本共识。还需要小学语文教师积极地结合"双减"背景下小学语文课堂教学的基本要求,全面通过引入分层教学模式,更好地兼顾到不同学生之间存在的差异性,从而促进学生的个性化发展和提高。例如,在教授《蝙蝠和雷达》模块内容时,教师要实现分层教学。语文教师可以认真对班级学生的基本情况,如个人学习进退步情况、个人学习能力、个人性格特点等进行细致和全面的把握,并为不同学生建立电子档案,同时将学生进行层次划分。之后,小学语文教师可以结合教学内容为不同学生安排分层化学习任务,包括生字词学习、背景知识学习、文章理解、拓展延伸等可选择分层任务,引导学生结合自身需要选择对应的内容进行学习,教师则要强化对学生的分层指导,进一步破解分层瓶颈,实现分层教学效益的提升。

(四)采用多元化的语文课程教学方法

"双减"政策背景下,教师要针对传统的语文课程教学方法进行优化,抓好语文课堂教学,不断地提高语文课堂的教学效率,使学生在有限的课堂时间内能够吸收更多的语文知识,有了这样的基础,才能够实现语文能力的培养。因此在小学语文课程教学活动中,教师要对传统的课程教学方法进行创新,采用多元化的语文教学策略。教师在语文课程教

学中,要通过有效的课件导入,激发学生的语文学习兴趣。例如,教师可以通过讲故事或者设悬念的方法,第一时间吸引学生的注意力。而在课堂上教师也可以采用信息化的课程教学方式,衍生出多种教学模式,引导学生在课堂上进行高效学习,从而帮助学生更好地突破重难点知识内容,提高学生语文能力。此外,教师在语文课程教学中,还可以引导学生开展小组合作学习,在小组合作与讨论过程中,通过思维的交流与碰撞,实现语文思维的培养,促进语文能力的提升。

以《乌鸦喝水》为例,在这一节课程教学中,教师在课前导入活动,先利用多媒体为学生播放了课文中展示的画面,然后为学生布置自主学习任务,并且引入微课,进行科学教学,让学生掌握基础知识。接下来在课堂学习活动中,教师提出问题让学生开展小组合作学习,探讨本节课讲解的内容,最后让学生畅谈自己的学习感悟。通过这样的方式,让学生在语文学习的过程中经历知识的形成过程,也能够基于知识拥有自身的体验,实现语文能力的培养。

(五)营造生活化场景

在开展生活化教学策略的过程中,教师必须要为学生构建生活化的教学场景,使学生能够探索更多似曾相识的课堂情境,在情境教学背景下对学生的写作技巧与思维发展进行感染与熏陶,有效激发学生的课堂学习积极性,促进学生主动进行交流沟通,提高学生的整体写作水平。作文教学过程中的课堂导入环节非常重要,教师可以应用语言导入、图片导入等不同方式构建生活情境。如教师在"习作:我的动物朋友"的教学过程中,可以为学生展示日常生活当中拍摄到的各种小动物的图片,为学生借助多媒体传达更加强烈的视觉效果,利用巧妙的语言帮助学生描绘不同的小动物的特点,在这种教学导入模式下,学生将会不由自主地受到吸引,教师趁机提出本节课的写作主题,同时指出相应的写作教学要求,如字数要求、段落要求等。教师构建的生活化教学场景会使同学们感到如痴如醉,还可以有效降低学生的排斥心理。据调查,许多学生对作文写作存在抵触畏难心理,时常感到习作无从下手。而教师所构建的生活化主题场景,可以使学生拥有良好的情境体验,有效的引导方式深化了学生的情感体验,进一步提高了学生的知识探究兴趣,使学生的整体学习效果能够得到最大化发挥,有效地保证了学生的学习效率与写作效率,促进了小学生逻辑思维水平的进一步提升。

（六）设计生活化作业让学生思维同步

作为语文教师,在设计作业时要立足学生的思维特点,鼓励学生在生活中表达交流和思考,让学生在完成作业的过程中更好地审视生活,从而得到素养的提升。生活化作业要能引起学生对生活现象的关注和思考,要与所学的文本内容相结合,这样才能发挥出作业的实效。

例如,在《秋天的雨》这节课的教学过程中,教师可以为学生设计生活化作业:①在你的生活中,秋天是什么样子的? 你对于秋雨有什么体验? ②关于秋天,你能积累哪些四字词语或句段或诗歌? ③我们来找找秋天,用家人的微信录一段小视频,或者以照片形式跟朋友们分享。在这样的"秋词""秋诗""秋景"作业中,学生便可以关注生活场景,想象自己在雨中嬉戏,想象田间秋雨的美景,这些在学生生活中熟悉的景色便成了有情致的画面,学生在完成作业时也更加投入。④你最难忘的一个秋天是怎样的? 为什么难忘? 可不可以用作文的形式将其记录下来,并分享在班级会议上? ⑤相较于秋天,你更加喜欢哪个季节? 说出你喜欢这个季节的原因是什么?

又如,《铺满金色巴掌的水泥道》这节课的小练笔作业:你有没有关注过上学或放学路上的风景? 用几句话写下来。其实,生活中美丽的风景无处不在,教师要做一个引导者,让学生走进生活、发现语文。生活化作业的创建需要教师了解学生的生活现状,让学生能够在更加积极乐观的环境中感受到语文学习的乐趣,这样,学生乐于完成作业,更有质量地完成作业,得到语文素养的发展。

（七）应用实物展示突破认知障碍

识字教学是小学低年级教学的重难点,学生初步接触汉字,难免会掌握不了辨识汉字的方法和技巧,同时在此方面会存在一定的认知障碍。小学语文教师应用拼音卡片、手势、简笔画、模型等实物,可以开展实物展示教学活动,帮助学生突破拼音学习认知障碍。第一,小学语文教师应合理使用拼音卡片教具,帮助学生快速记忆拼音字母,低年级小学生普遍存在注意力易分散问题,使用字母卡片、幻灯片、拼音转盘,可以吸引学生学习注意力,激发学生学习兴趣,让学生直观学习拼音知识。在课堂上可以运用这些道具开展游戏,吸引学生的注意力。第二,小学语文教师可以使用手脑并用方法,利用手指为学生摆出字母形状,并让学生在读拼音的同时模仿教师手势,强化学生理解。除此之外,小学语文教师还可以在此基础上为学生编手指舞,让学生跟随手指舞歌词进行手势变化,进一步提升拼音教学趣味性。第三,小学语文教师可以利用图片展示方法带领学生认读音节。如为学生展示海岸夜景图,并在月亮、椰子树、大海旁标注拼音,这样可以让拼音符号变得更为具体,提高学生音节识记效率。

(八)充分利用多媒体丰富识字教学形式

在现如今时代背景下,我国经济以及科技获得了迅速发展,基于此,信息技术已经被广泛运用到各大领域当中,教育领域也不例外。在教育领域中多媒体技术获得了广泛的运用,并且取得了良好的教学效果。因此,在小学语文教学过程中,教师可以充分借助多媒体技术的优势,丰富识字教学形式,促使识字教学趣味性有效提升。多媒体技术具有音频、视频、动态、色彩丰富、图文并茂、内容丰富等一系列优势,在小学语文教学中运用能够有效激发学生学习兴趣,增强语文教学的生动形象性,并且能够提高教学效率以及教学质量。另外,充分利用多媒体技术丰富识字教学形式还能够使得学生掌握学习的主动权,调动学生学习的积极性。不仅如此,在此背景下还能够拓展学生识字渠道以及语文学习渠道,丰富学生知识面,促使学生获得更好的发展。值得教师注意的是,在充分运用多媒体技术进行小学语文教学的过程中,一定要重视做好课前准备,建立在教学内容的基础上,制订合理有效的教学计划,为后续语文教学奠定良好基础,能够使多媒体技术充分发挥作用价值,在确保小学语文教学趣味性的同时,使语文教学取得良好的教学效果。

(九)采取分层式作业

作业是小学语文教育的重点内容,教师要合理化设计安排,明确作业的功能定位,以多元化为基础,导入丰富的课程内容,帮助学生巩固课堂所学知识。当下,作业一直都是以"强化技能"为核心,致使作业呈现机械重复。在布置作业练习时,教师普遍都会增多题型,避免出现遗漏,认为做得越多,学生记得越牢固。但是,实际调查显示,知识水平的高低与机械式记忆没有关联。为了提高教学质量、提高学生对作业的练习兴趣,教师可以根据教学内容与目标增加作业形式,丰富作业内容,全面锻炼学生的读写听说能力。考虑到小学生的个性化特点,教师可以设置一些画画、口语表达等具有实践性的作业活动,激起学生的参与热情。

例如,在学习《守株待兔》课文后,由于学生的差异性,教师便可以实行分层式作业。如:①摘抄课本中的生字词,共两遍;②有感情地朗读课文,并录成音频;③概括文中的核心内容与道理;④改写文章。在系统化的作业任务中,学生可以根据自身的基础有序完成,教师从中会给予一定的指导,引导学生深入探究课文。又如,在教学课文《荷花》时,教师便可以布置一些实践性活动,如让学生在生活中观察荷花的特点,并书写一则观察日记,全面记录荷花的形态样貌、生长特点等,锻炼学生的文字运用能力,也为后期写作教学奠定基础。针对一些基础差的学生,教师可以适当减少作业量,安排一些好词好句摘抄作业,强化这类学生的语言文字积累,充分扩展知识面,提高学习效率。

综上所述,"双减"背景下小学语文课堂教学组织和实施的各个环节均发生了较大程度的变化,需要每一名小学语文教师进一步强化认识,积极地转变教学思路,并结合"双减"背景下的教学方向指引,全面探索更为有效地推进教学组织和教学实施的对策,并在具体的教学实践中精准研究课程标准,合理设计教学目标;积极丰富教法运用,给予更好的学习体验;全面实现分层教学,更好地兼顾学生差异;积极实现多元评价,全面促进学生发展;合理构建线上空间,不断拓展学习渠道;等等,从而真正地立足双减教学要求,进一步改进和优化小学语文课程教学各个环节,实现教学质量的大幅度跃升。

参考文献

一、专著

[1]廖娅晖.小学语文教学设计[M].北京:中国铁道出版社,2018.

[2]饶满萍.小学语文教学设计与实施[M].成都:西南交通大学出版社,2019.

[3]徐凤杰,刘湘,张金梅.小学语文教学生活化的策略与研究[M].长春:吉林人民出版社,2021.

二、期刊

[1]常微微.小学语文有效作业设计策略[J].才智,2016(36).

[2]段彩云.浅析新课程理念下的小学语文教学策略[J].天天爱科学(教育前沿),2022(05).

[3]李春香.家校共育视域下强化小学安全管理的路径思考[J].品位·经典,2022(5).

[4]廖灿辉.提高小学语文教学效率的策略[J].西部素质教育,2018,4(04).

[5]马瑞娟.小学"融合式"家校共育课程的开发与实施[J].现代教育,2020(2).

[6]马秀英.浅议优化课后作业,提高小学语文质量[J].才智,2020(09).

[7]马志秀.小学语文课堂运用多媒体技术的教学设计[J].科技视界,2013(31).

[8]沈晓燕.学科育人背景下的小学语文教学策略[J].教师博览,2022(15).

[9]孙云晓,蓝玫.家校合作共育:中国家庭教育的新趋势[J].教学与研究,2021(2).

[10]唐安奎,毛道生,徐猛."双减"政策背景下的基础教育发展(笔谈)[J].成都师范学院学报,2022,38(4).

[11]王高悦,何伶俐.新课程基本理念下小学语文教学策略研究——以《桥》为例[J].文科爱好者(教育教学),2022(1).

[12]王丽艳.新时期多媒体教学模式在小学语文教学中的应用策略[J].亚太教育,2016(22).

[13]王贤文,周险峰.学业负担治理研究十年:回顾与展望[J].河北师范大学学报(教育科学版),2021,23(3).

[14]魏皓洁.小学语文混合式学习教学设计转型策略[J].教学与管理,2022(2).

[15]吴信英.教育焦虑现象的成因及纾解之道[J].人民论坛,2019(24).

[16]朱召弟.核心素养视域下小学语文实践性作业设计初探[J].品位·经典,2022(7).

三、学位论文

[1]陈梅.小学语文整本书阅读指导研究[D].长沙:湖南大学,2020.

[2]代家凤.效率取向的小学语文课堂教学改革研究[D].天津:天津师范大学,2012.

[3]李辰.小学高年级学生语文深度学习现状及其改进策略研究[D].大连:辽宁师范大学,2021.

[4]汪赛.小学二年级语文高效课堂教学策略的研究[D].锦州:渤海大学,2014.

[5]易路.基于智慧教育的小学语文教学设计与应用研究[D].新乡:河南师范大学,2019.